NOTAS SOBRE A REGULAÇÃO DOS TRANSPORTES:
UM APONTAMENTO CRÍTICO
AO PLANO ESTRATÉGICO DE TRANSPORTES
SUZANA TAVARES DA SILVA

O REGULAMENTO 169/2009, DO CONSELHO, DE 26/2
– CONCORRÊNCIA NOS SECTORES
DOS TRANSPORTES POR VIA
RODOVIÁRIA, FERROVIÁRIA E VIAS NAVEGÁVEIS
CAROLINA CUNHA

APONTAMENTOS SOBRE
A TRIBUTAÇÃO DOS TRANSPORTES
JOSÉ CASALTA NABAIS

«AS REGRAS DE ROTERDÃO»
ALEXANDRE DE SOVERAL MARTINS

NOTAS SOBRE A REGULAÇÃO DOS TRANSPORTES:
UM APONTAMENTO CRÍTICO
AO PLANO ESTRATÉGICO DE TRANSPORTES

SUZANA TAVARES DA SILVA

O REGULAMENTO 169/2009, DO CONSELHO, DE 26/2
– CONCORRÊNCIA NOS SECTORES
DOS TRANSPORTES POR VIA
RODOVIÁRIA, FERROVIÁRIA E VIAS NAVEGÁVEIS

CAROLINA CUNHA

APONTAMENTOS SOBRE
A TRIBUTAÇÃO DOS TRANSPORTES

JOSÉ CASALTA NABAIS

«AS REGRAS DE ROTERDÃO»

ALEXANDRE DE SOVERAL MARTINS

NOTAS SOBRE A REGULAÇÃO DOS TRANSPORTES:
UM APONTAMENTO CRÍTICO
AO PLANO ESTRATÉGICO DE TRANSPORTES

O REGULAMENTO 169/2009, DO CONSELHO, DE 26/2
– CONCORRÊNCIA NOS SECTORES
DOS TRANSPORTES POR VIA
RODOVIÁRIA, FERROVIÁRIA E VIAS NAVEGÁVEIS

APONTAMENTOS SOBRE
A TRIBUTAÇÃO DOS TRANSPORTES

«AS REGRAS DE ROTERDÃO»

AUTORES
SUZANA TAVARES DA SILVA
CAROLINA CUNHA
JOSÉ CASALTA NABAIS
ALEXANDRE DE SOVERAL MARTINS

EDITOR
EDIÇÕES ALMEDINA, S.A.
Rua Fernandes Tomás, nºs 76-80
3000-167 Coimbra
Tel.: 239 851 904 · Fax: 239 851 901
www.almedina.net · editora@almedina.net

DESIGN DE CAPA
FBA.

PRÉ-IMPRESSÃO
EDIÇÕES ALMEDINA, SA

IMPRESSÃO E ACABAMENTO
NORPRINT
Fevereiro, 2013

DEPÓSITO LEGAL

Os dados e as opiniões inseridos na presente publicação
são da exclusiva responsabilidade do(s) seu(s) autor(es).

Toda a reprodução desta obra, por fotocópia ou outro qualquer
processo, sem prévia autorização escrita do Editor, é ilícita
e passível de procedimento judicial contra o infractor.

Biblioteca Nacional de Portugal – Catalogação na Publicação

COLÓQUIO NOVOS CAMINHOS PARA O DIREITO
DOS TRANSPORTES, Coimbra, 2012

Colóquio Novos Caminhos Para o Direito dos
Transportes / Suzana Tavares da Silva...
[et al.] ; [org. Instituto de Direito das Empresas
e do Trabalho]. - (Colóquios IDET)
ISBN 978-972-40-5058-4

I – SILVA, Suzana Tavares da, 1973-
II – INSTITUTO DE DIREITO DAS EMPRESAS E DO TRABALHO

CDU   347
      656

IDET/FACULDADE DE DIREITO DA UNIVERSIDADE DE COIMBRA

COLÓQUIO

NOVOS CAMINHOS PARA O DIREITO DOS TRANSPORTES

25 de Novembro de 2011

Sessão de Abertura: 14.00

I
REGULAÇÃO, MERCADO E TRIBUTAÇÃO NO SECTOR DOS TRANSPORTES
Moderador: Prof. Doutor Coutinho de Abreu
(Professor Catedrático da Faculdade de Direito da Universidade de Coimbra)

14.15 – 14.45

Regulação dos transportes em Portugal
Prof. Doutora Suzana Tavares da Silva
(Professora Auxiliar da Faculdade de Direito da Universidade de Coimbra)

14.45 – 15.15

O Regulamento 169/2009, do Conselho, de 26/2 – concorrência nos sectores dos transportes por via rodoviária, ferroviária e vias navegáveis
Prof. Doutora Carolina Cunha
(Professora Auxiliar da Faculdade de Direito da Universidade de Coimbra)

15.15 – 15.45

Aspectos da tributação dos transportes em Portugal
Prof. Doutor José Casalta Nabais
(Professor Associado da Faculdade de Direito da Universidade de Coimbra)
Ver no site

15.45 – 16.15
Debate

16.15 – 16.30
Pausa para café

II
NOVIDADES NO DIREITO RODOVIÁRIO E NO DIREITO MARÍTIMO
Moderador: Prof. Doutor Rui Marcos
(Professor Catedrático da Faculdade de Direito da Universidade de Coimbra)

I. No direito rodoviário:

16.30 – 17.00
O Regulamento n.º 181/2011, do Parlamento e do Conselho, de 16/02/2011,
relativo aos direitos de passageiros de autocarros
(altera Regulamento 2006/2004)
Prof. Doutora Maria da Graça Trigo
*(Professora Auxiliar na Escola de Lisboa da Faculdade de Direito
da Universidade Católica Portuguesa)*

II. No direito marítimo:

17.00 – 17.30
O Regulamento n.º 392/2009, do Parlamento e do Conselho,
de 23/04/2009, relativo à responsabilidade de transportadoras
de passageiros por mar em caso de acidente
Prof. Doutor Manuel Januário da Costa Gomes
(Professor Associado da Faculdade de Direito da Universidade de Lisboa)

17.30-18.00
As «Regras de Roterdão»
Prof. Doutor Alexandre de Soveral Martins
(Professor Auxiliar da Faculdade de Direito da Universidade de Coimbra)

18.00 – 18.30
Debate

18.30
Encerramento

NOTA PRÉVIA

Em 25 de novembro de 2011 o IDET promoveu na Faculdade de Direito da Universidade de Coimbra um Colóquio sobre os «Novos caminhos para o direito dos transportes». Dessa iniciativa resultaram os textos que aparecem agora em papel para estarem ao dispor de um público interessado mais vasto.

Nem todos os conferencistas puderam apresentar um texto para esta publicação. Os leitores encontrarão nestas Atas textos de Suzana Tavares da Silva («Regulação dos transportes em Portugal»), Carolina Cunha («O Regulamento 169/2009, do Conselho, de 26/2 – concorrência nos sectores dos transportes por via rodoviária, ferroviária e vias navegáveis»), Casalta Nabais («Aspectos da tributação dos transportes em Portugal») e Alexandre de Soveral Martins («As Regras de Roterdão»). Ficam assim disponíveis estudos sobre matérias muito variadas e que revelam a extensão destes domínios.

Coimbra, Novembro de 2012

A Direção do
IDET – Instituto de Direito das Empresas e do Trabalho

NOTAS SOBRE A REGULAÇÃO DOS TRANSPORTES: UM APONTAMENTO CRÍTICO AO PLANO ESTRATÉGICO DE TRANSPORTES

SUZANA TAVARES DA SILVA[*]
*Professora Auxiliar da Faculdade de Direito
da Universidade de Coimbra*

---

[*] As reflexões breves que se seguem foram elaboradas para a comunicação no colóquio, apresentando-se, por essa razão, como reflexões concisas, desprovidas de referências bibliográficas.

I. Questões de enquadramento

O *transporte* consiste no acto de deslocação de um lugar a outro de pessoas e mercadorias, podendo ser promovido pelo próprio ou por outrem mediante a celebração de um *contrato de transporte*. Neste contexto, o *transporte* é uma actividade essencial ao desenvolvimento económico, constituindo um dos motores da globalização, ao mesmo tempo que se autonomiza hoje, em todos os segmentos, como uma actividade económica entregue à iniciativa privada, mas exercida sob intensa *regulação* pública.

Por se tratar de uma actividade económica essencial, instrumental à realização de liberdades fundamentais (pessoais e económicas), e revestir as características de um *serviço público*[1], incumbe ao Estado garantir a prestação de serviços de transporte (sendo essa garantia mais intensa no âmbito do transportes de passageiros) através de instrumentos administrativos, económicos e financeiros.

Mas não só, veremos igualmente ao longo desta breve exposição que o *transporte* é uma das principiais *actividades energívoras* e um sector responsável por níveis muito elevados de emissões poluentes, o que obriga a um estudo e tratamento inter-

---

[1] O *serviço de transporte de passageiros* integra actualmente, em grande medida, o leque dos *serviços de interesse económico geral*, ou seja, os serviços que pela sua relevância no funcionamento normal da economia e na vida quotidiana dos utentes devem respeitar certas condições essenciais: continuidade, qualidade, segurança do abastecimento, igualdade de acesso, preço razoável, e aceitabilidade social, cultural e ambiental.

disciplinar do tema. Assim, e no que aqui nos interessa especialmente, importa destacar que o estudo do *direito dos transportes* aparece inevitavelmente aliado ao estudo do *direito da energia* e do *direito do ambiente* e do *clima*, e que o *direito da regulação económica* se apresenta como a resposta mais adequada para uma *boa* ordenação jurídica dos problemas.

a. Breve apontamento sobre o conceito de regulação (económica) do transporte

A *regulação*, enquanto conceito genérico, consiste na produção de regras para disciplinar um determinado sector de actividade, podendo ser utilizado, nesta acepção, como um sinónimo genérico e não rigoroso dos conceitos de *legislação, regulamentação* ou simplesmente *normação*.

Todavia, quando nos referimos ao conceito de *regulação* da actividade de transporte, o que pretendemos designar é uma nova forma de intervenção do Estado na economia, por intermédio da qual este *garante* a *eficiência* das actividades desenvolvidas pelos privados em sectores essenciais ao bem-estar social[2]. Uma garantia que decorre de uma organização racional e eficiente das actividades em cada sector regulado.

---

[2] Referimo-nos à passagem do *Estado produtor* e *prestador* de serviços de bem-estar social para o *Estado garantidor* desses serviços através da *organização administrativa* das actividades em que os mesmos se estruturam, as quais passam a ser desenvolvidas por privados. Em regra essa organização envolve a separação (*unbundling*) das actividades que constituem um *monopólio natural* (como é o caso das redes nos serviços assentes em infra-estruturas de rede, como o abastecimento de energia eléctrica ou o fornecimento de serviços de transporte ferroviário), e que são exploradas em regime de concessão ou de monopólio privado, mas sujeitas a uma remuneração regulada, das actividades que apresentam um potencial de concorrência em regime de mercado, as quais são também submetidas à vigilância e/ou ao poder de direcção das autoridades reguladoras para evitar distorções na concorrência e a equidade no acesso.

Assim, a *regulação do transporte* é a designação dada ao conjunto de normas respeitantes à organização e funcionamento de cada um dos subsectores da actividade de transporte (terrestre – rodoviário e ferroviário – marítimo, fluvial e aéreo), as quais, por seu turno, estão hoje também devidamente articuladas entre si de modo a garantir a *eficiência do transporte* na perspectiva intermodal, segundo as já mencionadas exigências em matéria de energia, ambiente e clima. Trata-se, como veremos, de uma área onde podem e devem ser assacadas especiais exigências aos Estados e às organizações supra- e internacionais quanto ao cumprimento de parâmetros de sustentabilidade ambiental, social e económico-financeira.

Dentro desta organização normativa das actividades que compõem o transporte, teremos depois que autonomizar a subcategoria da *regulação económica do transporte*.

A *regulação económica* consubstancia o exercício de um poder público *sui generis*, que não se reconduz ao exercício típico da função administrativa, pois nele entrecruzam-se *inputs* informadores jurídicos e económicos, em uma simbiose própria, sobre a qual se erguem os alicerces da *nova economia de bem--estar*, a qual tem como princípios fundantes a sustentabilidade, a eficiência e a justiça intergeracional.

O *transporte* é hoje um domínio onde as políticas públicas procuram reinventar modelos de solidariedade e coesão social a partir do mercado, da competitividade entre operadores económicos e através de novos esquemas de financiamento, em que a racionalização dos recursos financeiros públicos se apresenta como uma preocupação fundamental.

Para a promoção deste objectivo os Estados contam com dois tipos de instrumentos fundamentais: 1) a organização administrativa das actividades de transporte, ou seja, a disciplina do acesso à actividade e do funcionamento dos sectores em ambiente competitivo; e 2) a subvenção pública das obrigações de serviço público de transporte.

Neste contexto, é ainda importante destacar que o novo modelo económico (o do Estado regulador) impôs uma separação entre a disciplina jurídica do transporte e a disciplina jurídica das infra-estruturas de transportes, mesmo naqueles subsectores onde até aqui isso não acontecia – referimo-nos, essencialmente, ao transporte ferroviário –, vincando bem a diferenciação entre bens ou activos infra-estruturais e serviços, com o intuito de introduzir concorrência entre operadores neste segundo segmento, ao mesmo tempo que assegura que o carácter limitado das infra--estruturas não entrava nem distorce a concorrência a montante e a jusante das mesmas.

Esta nova arrumação do sector dos transportes, em linha com as orientações internacionais e europeias, permitiu igualmente o desenvolvimento de *novos instrumentos jurídicos* – entre os quais assumem especial destaque as *licenças transnacionais* e *europeias*, ou seja, actos administrativos típicos do direito europeu e que se caracterizam por suplantar o poder de decisão dos Estados-membros – e também de *novos instrumentos financeiros* – seja para o transporte propriamente dito, especialmente associados a uma regulação ambiental (veja-se o caso da integração da aviação no Comércio Europeu de Licenças de Emissão), seja sobretudo para as infra-estruturas de transporte (veja-se o caso dos *transportation revolving funds* criados nos EUA e os regimes de PPP's em Portugal para a construção de estradas) – e ainda de *novas entidades administrativas* responsáveis pelo regular e eficiente funcionamento do sector – referimo-nos às diversas autoridades reguladoras, como o Instituto Portuário e dos Transportes Marítimos (IPTM), o Instituto da Mobilidade e dos Transportes Terrestres (IMTT), o Instituto Nacional de Aviação Civil (INAC) e as Autoridades Metropolitanas de Transporte.

II. O actual papel do Estado no transporte

Na sequência da passagem de prestador a *regulador e garantidor*, o Estado passou a assumir novas funções vocacionadas para a organização eficiente dos serviços dos transportes em ambiente de mercado e de concorrência regulada. Tarefas em que é obrigado a "negociar" com outros Estados, quando estão em causa serviços de transporte internacional, ou mesmo a submeter-se às regras ditadas pela União Europeia em matéria de *liberalização* das actividades. Este é, por conseguinte, um domínio típico de *direito multinível*.

No *plano internacional* o destaque especial vai para os instrumentos normativos respeitantes ao transporte aéreo. Uma modalidade de transporte que depende integralmente das normas sobre *navegação aérea* (organização administrativa do espaço aéreo[3]), as quais assumem uma vocação internacional, uma vez que o exercício de qualquer actividade aeronáutica está totalmente dependente do poder dos Estados sobre o respectivo espaço aéreo, o que se compreende por razões, desde logo, de segurança pública, facto que os atentados de 11 de Setembro deixaram bem vincado na memória colectiva global. Assim, o estudo do *transporte aéreo* é indissociável das diversas convenções internacionais ao abrigo das quais aquele se operacionaliza,

---

[3] A *organização administrativa do espaço aéreo* constitui uma actividade de interesse público na "infra-estruturação do território aéreo" – o espaço aéreo mundial está dividido em regiões determinadas pela ICAO (*International Civil Aviation Organization*) e estas, por seu turno, em regiões de informação de voo (*FIR – Flight Information Region*) administradas pelos países –, que é essencial à segurança do transporte aéreo, justificando o carácter público da actividade de *navegação aérea*, a qual, por ser também exercida em prol de um objectivo de interesse internacional, está igualmente confiada a uma agência internacional. Na Europa tem-se assistido ao desenvolvimento de uma política de integração da navegação aérea no território dos Estados-membros em uma actividade europeia: a política do "céu único europeu" [Cf. COM (2008) 389 final].

destacando-se nesse universo a Convenção de Chicago, de 1944, relativa à aviação civil internacional.

A novidade no plano internacional não decorre, contudo, da necessidade de celebração de convenções e tratados que operacionalizam o transporte internacional, mas sim da emergência de *agências internacionais* (é o caso da *International Civil Aviation Organization*) que instituem *standards* operativos aceites comummente por operadores privados e que em alguns casos suscitam até problemas de compatibilidade com as constituições dos Estados[4].

Já no *plano europeu*, o realce vai, desde logo, para o facto de o domínio dos transportes integrar o leque de *competências partilhadas* entre a União e os Estados-membros (artigo 4.º/2g) TFUE).

É esta partilha de competências que justifica os poderes conferidos pelo Tratado ao Parlamento Europeu e ao Conselho para estabelecerem regras comuns aplicáveis aos transportes internacionais efectuados a partir de ou com destino ao território de um Estado-Membro[5], ou que atravessem o território de um ou mais Estados-Membros – enquadra-se neste caso a *licença comunitária multilateral* para o transporte internacional de mercadorias, prevista no Regulamento (CE) n.º 1072/2009, de 21 de Outubro, que se apresenta como um *acto administrativo transnacional*, na medida em que constituindo um acto autorizativo emitido por um Estado-membro (o Estado-membro de estabelecimento da empresa de transportes) produz efeitos directos nos ordenamentos jurídicos de outros Estados-membros, designa-

---

[4] Referimo-nos, por exemplo, à questão dos *full body scanners* em aeroportos e o direito à reserva da intimidade da vida privada ou da protecção de dados e imagens, consagrado em quase todas as Constituições, bem como na Convenção Europeia dos Direitos do Homem.

[5] Aplica-se, neste caso, o processo legislativo ordinário (artigo 294.º TFUE) e é exigida a consulta ao Comité Económico e Social e ao Comité das Regiões.

damente dos Estados atravessados em trânsito[6] –, bem como as condições em que os transportadores não residentes podem efectuar serviços de transporte num Estado-Membro – é o caso, por exemplo, da realização de *serviços de cabotagem* ao abrigo de uma *licença comunitária multilateral*, nos termos previstos no artigo 8.º do já mencionado Regulamento (CE) n.º 1072/2009 – e, ainda, as situações em que a Comissão chama a si a decisão administrativa quando os Estados-membros não alcançam uma solução consensual – veja-se a *autorização para o serviço regular de transporte internacional de passageiros* que deve ser emitida pelo Estado-membro em cujo território se situa o ponto de partida *em comum acordo* com as autoridades de todos os Estados--membros onde são tomados ou largados passageiros e, quando este não seja alcançado, pode a decisão vir a ser adoptada pela Comissão[7].

O direito nacional aplica-se ao transporte de âmbito nacional, sem prejuízo do respeito necessário pelas directrizes decorrentes do direito internacional e europeu, e tem especial incidência em matéria de regulação do acesso à actividade neste domínio de actuação, sobretudo no que respeita à salvaguarda da sustentabilidade financeira da actividade, harmonizando esta finalidade com o direito da concorrência, os objectivos e metas ambientais e a garantia das obrigações de serviço público, esteio essencial de uma economia saudável e da economia do bem--estar. É precisamente neste domínio que muito há ainda por

---

[6] Nos casos em que o transporte tem como origem ou destino um país terceiro existem duas hipóteses: ou a UE celebrou um acordo com esse país, e neste caso a licença vale para a totalidade o trajecto, ou esse acordo é apenas bilateral – ou multilateral se se tratar do território de um país que faça parte da *Conferência Europeia dos Ministros de Transportes* –, caso em que o acordo internacional é aplicado ao trajecto efectuado no Estado de partida e/ou chegada e no território extra-União, valendo a licença comunitária apenas para o trajecto dentro da União Europeia, ou seja, para o território dos Estados-membros atravessados em trânsito.

[7] Cf. artigo 8.º do *Regulamento (CE) n.º 1073/2009*, de 21 de Outubro.

fazer em Portugal, sobretudo na incentivação do transporte colectivo nas áreas urbanas.

A nova organização administrativa do transporte, onde primam hoje relevantes directrizes supranacionais, não consubstancia apenas uma recompreensão do acto administrativo (autorizações, licenças e outorgas de exclusivos) em razão de critérios ambientais e económicos, que tornam a decisão administrativa mais flexível e incerta, tendo de permitir uma adaptação constante do respectivo conteúdo[8] às novas exigências decorrentes de valores e interesses globais. Aqui é também visível a interferência no direito da vertente económica e a promoção de soluções que garantam o cumprimento das metas de serviço público através de soluções eficientes, seja na outorga de exclusivos como instrumento de garantia da rentabilidade, seja na atribuição de compensações indemnizatórias por obrigações de serviço público segundo as regras europeias em matéria de auxílios permitidos.

Neste caso são os domínios do transporte aéreo de passageiros e do transporte urbano, os mais sensíveis em matéria de sustentabilidade financeira, que exigem medidas excepcionais de restrição da livre concorrência como instrumento de regula-

---

[8] Uma adaptação que é regulada sobretudo por critérios materiais extrinsecados de princípios fundamentais como a proporcionalidade, a razoabilidade, a justiça, a igualdade e a equidade, mais do que de princípios clássicos, associados à estabilidade da decisão administrativa, como a protecção da confiança, a segurança jurídica e a garantia de direitos adquiridos. Trata-se de uma consequência prática da recompreensão do próprio direito administrativo, que em vez de ser perspectivado apenas ou sobretudo como um domínio onde a actuação do Estado na prossecução do interesse público colide com as posições jurídicas dos administrados, impondo-se uma harmonização de interesses e valores, muitas vezes *a priori* a partir da solução legal (perspectiva moderna), se apresenta hoje, fundamentalmente, como um domínio de gestão, onde o interesse público aparece interligado a interesses privados, dificultando a missão da *decisão (unilateral) administrativa* e afectando a sua estabilidade, acabando por transmutá-la em uma *guidance (orientação) administrativa*.

ção económica, *i. e.*, como instrumento de garantia de condições económicas adequadas dos operadores.

No *transporte aéreo de passageiros* os Estados-membros podem limitar o acesso aos serviços aéreos regulares em determinadas rotas como forma de garantir a sustentabilidade das companhias que efectuam esse serviço. Trata-se de um mecanismo de regulação do transporte, cuja compatibilidade com o direito europeu, nomeadamente com as restrições em matéria de auxílios financeiros, é garantida por instrumentos próprios daquele ordenamento jurídico (artigo 17.º do Regulamento n.º 1008/2008), mediante a imposição de algumas limitações temporais (a restrição do acesso à rota tem de ser por um período não superior a quatro anos) e procedimentais (o operador deve ser escolhido por concurso público).

> A compatibilidade deste tipo de medidas com o direito europeu, no que respeita à experiência portuguesa, foi colocada à prova em 2002, no *caso Flightline* (C-181/00). O acórdão reporta-se à decisão de três questões prejudiciais, suscitadas pelo STA, no âmbito de um litígio que opôs a sociedade Flightline Ltd, com sede no Reino Unido, ao secretário de Estado dos Transportes e Comunicações e à empresa Transportes Aéreos Portugueses SA, a propósito do indeferimento pelo secretário de Estado dos Transportes do pedido da Flightline para exploração de certas ligações aéreas em Portugal. Discutia-se a interpretação dos artigos 3.º, n.º 2, e 4.º, n.º 1, alíneas a) e d), do Regulamento n.º 2408/92 do Conselho, de 23 de Julho de 1992, relativos ao acesso das transportadoras aéreas comunitárias às rotas aéreas intercomunitárias, e do artigo 1.º, alínea e), da Decisão 94/698/CE da Comissão, de 6 de Julho de 1994, relativa ao aumento de capital, garantias de crédito e isenção fiscal existente em favor da TAP. Mais concretamente, a dúvida respeitante à interpretação daquelas normas surgiu em consequência do indeferimento, pelo secretário de Estado dos Transportes e Comunicações, do pedido de autorização, apresentado pela Flightline – pedido formulado na sequência do convite para apresentação de propostas, publicado pelo Governo português, em cumprimento da Directiva Europeia, por ocasião da imposição, a partir de 1 de Janeiro de 1996, de obrigações de serviço público em nove rotas entre Portugal continental e as Regiões Autónomas dos Açores e da Madeira, bem

como entre essas regiões – para explorar, sem qualquer compensação financeira, oito das nove rotas colocadas a concurso e mais uma rota suplementar. O fundamento invocado para o indeferimento do pedido baseou-se no facto de a Flightline não ser titular de uma licença emitida pela República Portuguesa, pelo que, até 1 de Abril de 1997, só poderia efectuar, nos termos do artigo 3.º, n.º 2 do regulamento, voos domésticos que fossem extensão ou preliminar de serviços principais entre o Estado-Membro emissor da licença e a República Portuguesa. O tribunal europeu haveria de dar razão ao Estado português, sufragando a interpretação de que não havia violação do direito europeu quando um Estado-membro decidia "limitar" o acesso a rotas a empresas licenciadas por outro Estado-membro, respeitando as condições previstas no regulamento.

No caso dos *transportes urbanos*, o Regulamento (CE) n.º 1370/2003 exige a celebração de um *contrato de serviço público* sempre que o Estado pretenda outorgar exclusivos em certas zonas onde a exploração em regime de concorrência não seja rentável,

> A aplicação deste regime jurídico regulatório ficou bem patente na decisão do *caso Yellow Cab* (C-338/09), em que a empresa Yellow Cab pediu uma autorização para a exploração de uma linha de transporte de passageiros em autocarro em determinado itinerário já explorado por outra empresa em regime de concessão no território da cidade de Viena, tendo o pedido sido indeferido com fundamento na circunstância de a requerente estar sediada em outro Estado-membro e no facto de a concessionária ter alegado falta de capacidade económica da linha para uma exploração em regime de concorrência. O órgão de reenvio que questiona a compatibilidade das normas austríacas com o princípio da livre prestação de serviços e com o Regulamento (CE) n.º 1370/2003 sublinha o facto de a Yellow Cab se propor praticar um preço muito inferior ao preço que vinha sendo praticado pela concessionária. O TJUE considerou que havia violação do direito europeu na medida em que, segundo o artigo 49.º do TFUE, não podia ser exigido à empresa requerente que tivesse sede ou estabelecimento na Áustria para prestar serviços de transporte como os que estavam em causa, e considerou ainda que a linha em questão não correspondia a uma obrigação de serviço público, mas antes a uma linha turística, não se justificando, por isso, a

restrição à concorrência. O tribunal vai mais longe e deixa subentendido na fundamentação que o Estado austríaco deveria regular a matéria, avaliando elementos como as vantagens ambientais do transporte colectivo e a segurança em circuitos turísticos, não se devendo limitar à protecção de operadores instalado, sobretudo com base em "argumentos económicos" aduzidos pelos interessados.

Bem como quando pretenda atribuir compensações pelas obrigações de serviço público impostas, caso em que terá ainda que respeitar o *princípio da transparência* e as demais exigências em matéria de organização contabilística das actividades, mesmo quando a empresa escolhida para a prestação das obrigações de serviço público seja uma *empresa in house*.

Foi precisamente o desrespeito por estas regras que esteve na origem da condenação do Estado português no *Caso Carris* (C-504/07), em que a Associação Nacional de Transportadores Rodoviários de Pesados de Passageiros (ANTROP) e outros interpuseram recurso contencioso de anulação da Resolução do Conselho de Ministros que definiu o valor das indemnizações compensatórias devidas à Carris e STCP, alegando que existia violação do direito europeu em matéria de auxílios permitidos quanto à compensação pelas obrigações de serviço público em matéria de transporte colectivo. O STA interpôs reenvio prejudicial para o TJCE, tendo este concluído que a forma de remuneração das obrigações de serviço público em matéria de transportes consagrada na lei portuguesa violava o direito europeu, na medida em que a atribuição de indemnizações compensatórias como as que estavam em causa no processo principal, não permitiam determinar o montante dos custos imputáveis à actividade das empresas no âmbito da execução das suas obrigações de serviço público, o que significava que era necessário alterar a forma de exploração dos serviços de transporte levados a efeito pela Carris e pelos STCP.

Por tudo quanto vimos de dizer, resulta já clara a mudança de papel do Estado no domínio dos transportes em decorrência da sua evolução de prestador do serviço a regulador e garantidor do mesmo. O que se espera actualmente do Estado neste domí-

nio é que ele cumpra os deveres que resultam da nova organização das actividades, e de entre os quais destacamos:
- a obrigação de *assegurar* a "infra-estruturação da actividade de transporte", tarefa que engloba não só as rodovias[9], mas também o apetrechamento tecnológico mais recente para a dinamização das *auto-estradas do mar*[10], a regulação económica eficiente para a gestão e desenvolvimento da rede ferroviária de transporte e dos aeroportos;

---

[9] Sublinhe-se que também em matéria de construção de rodovias se assistiu nos últimos anos a uma evolução importante dos regimes jurídicos, obrigados a acompanhar as tendências da "nova economia" em matéria de financiamento de projectos de longa duração, em que o Estado deixou de se apresentar como "dono da obra" e "financiador" no quadro dos tradicionais contratos de empreitada de obras públicas e de concessão de obras públicas, para se trasvestir em "gestor dominante e determinante" de *ventures* para a produção de activos públicos com base em projectos de engenharia e financiamento privados, "garantidos" por remunerações assentes em prestações tributárias e financeiras públicas, contratualizadas intergeracionalmente sob mediação de um poder público que assumia o dever de repartição equitativa do risco. É a este novo paradigma que com uma ou outra cambiante se reconduzem praticamente todos os modelos contratuais típicos de PPP's rodoviárias assentes na *private finance iniciative* (modelo BOT – *Build, Operate and Transfer*; modelo DBFO – *design, build, finance and operate;* modelo BOOT – *Build, Own, Operate and Transfer*). Um paradigma que sendo virtuoso na sua concepção, se haveria de revelar pernicioso na respectiva aplicação em território nacional, em grande medida como resultado de "má gestão" pública destes contratos.

[10] O conceito de *auto-estradas do mar* é utilizado para designar os corredores que suportam o tráfego intracomunitário de mercadorias entre pelo menos duas frentes marítimas na Europa, fazendo assim parte integrante da *rede transeuropeia de auto-estradas marítimas*, a qual, segundo o artigo 12.º-A da Decisão n.º 884/2004 tem por objectivo concentrar os fluxos de mercadorias em vias logísticas de base marítima, a fim de melhorar as ligações marítimas existentes ou estabelecer novas ligações marítimas viáveis, regulares e frequentes de transporte de mercadorias entre Estados-membros, no intuito de reduzir os congestionamentos rodoviários e/ou a melhorar os serviços de acesso das regiões e Estados insulares e periféricos – COM (2004) 453, de 2 de Julho de 2004.

- a programação de serviços de transportes e da intermodalidade de acordo com as mais recentes directrizes em matéria de sustentabilidade e eficiência;
- garantir os princípios do serviço público, de acordo com *standards* de eficiência económica;
- definir estratégias.

De entre todos os deveres antes mencionados, é sobretudo o último que irá merecer maior atenção nestas considerações, porque o nosso objectivo com a presente comunicação é precisamente o de formular algumas notas críticas ao documento que foi apresentado como *Plano Estratégico dos Transportes*.

III. Estratégias públicas para o transporte

A aprovação de uma estratégia sustentável e eficiente para os *transportes* representa, à luz do actual modelo de desenvolvimento económico baseado na inovação e de acordo com os padrões da "nova economia" assente na privatização e na regulação pública da iniciativa privada, o ponto fulcral para uma boa gestão das políticas públicas de transporte e, reflexamente, para uma correcta formulação das soluções jurídicas neste domínio. Vejamos, primeiramente, as orientações directoras europeias e, num segundo momento, as soluções (ou a falta delas) propostas pelo recente *Plano Estratégico dos Transportes*.

a. Estratégia europeia

São inúmeros os documentos europeus relativos à *política de transporte*, tornando inviável aqui a referência todos eles[11],

---

[11] A ideia de que a política económica europeia necessitaria de uma harmonização dos regimes jurídicos em matéria de transporte encontra-se presente desde o "relatório Spaak", documento que antecedeu o Tratado de Roma. No mais, é notório o desenvolvimento que esta matéria conhece no

razão pela qual nos limitaremos a sublinhar os que, em nosso entender, melhor sintetizam os objectivos da política europeia, e nos ajudam a compreender a *estratégia* gizada a este nível.

Destacamos, em primeiro lugar, o *Livro Branco sobre a Política Europeia de Transporte no Horizonte 2010: a Hora das Opções*[12], e a sua revisão intercalar levada a cabo na Comunicação *"Manter a Europa em movimento – Mobilidade sustentável para o nosso continente"*, de Junho de 2006[13], documentos que apontavam *três objectivos estratégicos fundamentais*: reequilibrar os modos de transporte e racionalizar o transporte urbano (descongestionamento das cidades e sustentabilidade na mobilidade), colocar os utentes no centro da política de transportes (aumentar a segurança, garantir a transparência dos custos e a qualidade do serviço) e "alargar" o mercado interno aos países vizinhos da UE.

Os *objectivos estratégicos* da política de transportes são definidos, como já sublinhámos, em articulação com outras políticas europeias, designadamente com a política energética[14] e

---

direito europeu, designadamente nos textos dos sucessivos Tratados, pois desde a sua inclusão no Tratado de Roma, onde as preocupações essenciais recaiam sobre o transporte terrestre (rodoviário), passando pela instituição das redes transeuropeias em Maastrich e culminando com o disposto nos artigos do actual Título VI do TFUE, é visível a importância que este sector económico representa para o desenvolvimento da política económica europeia e como ele se transformou em motor do próprio *direito administrativo europeu*.

[12] COM (2001) 370 final. Este documento tinha como antecessor um outro livro branco para os transportes, denominado "Futura evolução da política comum dos transportes" – COM (92) 494.

[13] COM (2006) 314 final.

[14] Veja-se, por exemplo, a nova regulamentação sobre pneus – a proposta de Directiva do "pneu verde" COM (2008) 779 e o Regulamento (CE) n.º 1222/2009, de 29 de Novembro, relativo à rotulagem dos pneus no que respeita à eficiência energética e a outros parâmetros essenciais – que visa aumentar a segurança e a eficiência económica e ambiental do transporte rodoviário através da promoção de pneus energeticamente eficientes, seguros e com baixas emissões sonoras.

com a política ambiental[15], o que explica, por exemplo, que o terminal GNL de Sines deva permitir a ligação à rede nacional de gás natural, que por seu turno está interligada à rede espanhola, assim estabelecendo a ligação com o resto das redes de gás da Europa, contribuindo para a segurança no abastecimento (uma das linhas prioritárias da política energética europeia), da mesma forma que os portos nacionais devem permitir a ligação a grandes eixos ferroviários e rodoviários de transporte de mercadorias, assumindo um papel de destaque na entrada de bens no espaço europeu e posterior distribuição aos restantes países do mercado interno (a boa acessibilidade da costa portuguesa reduz o risco de acidentes marítimos).

Entre as principais medidas consagradas no livro branco de 2001 (incluindo a sua revisão de 2006) elegemos aquelas que se nos afiguravam mais emblemáticas: revitalizar o caminho-de--ferro[16]; reforçar o controlo de qualidade do transporte rodoviário (para evitar que este, sendo o meio de mais fácil acesso e de menor custo possa incorrer em práticas de *dumping*); promo-

---

[15] Dentro das diversas componentes da política ambiental associada aos transportes destacamos, para além das já mencionadas a propósito do comércio de licenças de emissões, as medidas adoptadas em matéria de redução do ruído, em especial no transporte aéreo – Cf. Directiva 2002/30/CE, de 26 de Março, relativa ao estabelecimento de regras e procedimentos para a introdução de restrições de operação relacionadas com o ruído nos aeroportos comunitários, transposta pelo Decreto-Lei n.º 293/2003, de 17 de Novembro, Directiva 2002/49/CE, de 25 de Junho, relativa à avaliação e gestão do ruído ambiente, transposta pelo Decreto-Lei n.º 146/2006, de 31 de Julho, e Directiva 2006/93/CE, de 12 de Dezembro, relativa à regulação da exploração dos aviões que dependem do anexo 16 da Convenção relativa à Aviação Civil Internacional, transposta pelo Decreto-Lei n.º 321/2007, de 27 de Setembro.

[16] Objectivo que depende, em grande medida, do desenvolvimento das redes de alta-velocidade e das redes exclusivamente destinadas a mercadorias, mas também de novas formas de regulação que optimizem a infra--estrutura existente e possibilitem um verdadeiro mercado interno ferroviário. Uma preocupação que tem vindo a ser estudada e implementada em todos os Estados-membros à excepção de Portugal.

ver o transporte marítimo e fluvial, intrinsecamente associado às *"auto-estradas do mar"*; melhorar a regulação do transporte aéreo; realizar a rede transeuropeia de transportes (RTE – T); fomentar a intermodalidade, contando com financiamento a partir do Programa Marco Polo; desenvolver transportes urbanos de qualidade; e, sobretudo, instituir um sistema de verdade de custos.

Este último ponto foi uma das grandes chaves para a mudança de paradigma na economia de bem-estar aplicada a este sector, tendo sido aproveitado por muitos Estados-membros como oportunidade para desenvolver o transporte colectivo de passageiros e de mercadorias, um factor essencial para a estratégia de desenvolvimento sustentável, não só em termos de poupança energética, mas sobretudo de redução de emissões poluentes. Mais do que um desafio europeu, acreditamos que aquilo que os europeus consigam desenvolver nesta matéria servirá de paradigma para os países emergentes, evitando que estes se tornem dependentes do transporte rodoviário individual, cuja expansão se afigura, por diversas ordens de razões, insustentável. Esta mudança de paradigma começa precisamente com a adaptação do sector dos transportes ao novo modelo económico, o que não significa apenas privatização de monopólios públicos, desregulação e liberalização do acesso à actividade. Bem pelo contrário, veremos que apesar das dificuldades se tem procurado instituir uma verdadeira regulação económica para os transportes, criticável apenas pela ausência de uma estratégia regulatória para a intermodalidade que permita construir mercados atractivos para as práticas comerciais ao mesmo tempo que garante o cumprimento de obrigações de serviço público.

Olhando para trás é fácil perceber que muitos dos objectivos aí consagrados ficaram por cumprir, talvez por serem excessivamente ambiciosos para que pudessem estar inteiramente satisfeitos em 2010, pese embora as diversas evoluções registadas um pouco em todos os domínios. De resto, na revisão intercalar de 2006, embora apresentando um tom optimista quanto à dinâmica registada na implementação das políticas até esse momento, sempre se afirmava, em complemento, que os objectivos traçados para 2010 se mantinham válidos, o que denunciava o ritmo lento das mudanças.

O grande salto político na regulação dos transportes, depois da conquista que foi a fase da liberalização e da abertura e instituição dos mercados (em especial do mercado intracomunitário), radica hoje na intermodalidade e na orientação para uma utilização diferenciada e racional dos diversos meios de transporte. Um objectivo agora em fase de implementação, como se infere desde o documento que preparou o debate para esta nova mudança de paradigma. Espera-se uma "receita hipocarbónica para o uso dos transportes"[17], em consonância com o proposto na Estratégia para o Desenvolvimento Sustentável, o que exige o desenvolvimento de novas tecnologias e a racionalização dos diferentes meios a partir de *"boas práticas regulatórias"*. Na Comunicação da Comissão de 2009, denominada *"Um futuro sustentável para os transportes: rumo a um sistema integrado, baseado na tecnologia e de fácil utilização"*[18], pode ler-se que um dos elementos essenciais desenvolvido neste início de milénio foi a *segurança* dos meios de transporte, em grande medida impulsionada pela criação de agências comunitárias para coordenar e harmonizar as regras técnicas[19]. Objectivo que não constava do *livro branco*, mas que as circunstâncias do 11 de Setembro tornaram prioritário. Não há dinâmica no transporte colectivo se este não for um transporte seguro.

Entre os *novos desafios para as próximas décadas* eram aí apontados: os problemas da adaptação dos sistemas de transporte a pessoas com mobilidade reduzida como resposta ao envelheci-

---

[17] Cf. comunicação da Comissão «Roteiro de transição para uma economia hipocarbónica competitiva em 2050», COM (2011), 112.

[18] Cf. COM (2009), 279 final.

[19] Referimo-nos à Agência Europeia para a Segurança da Aviação, à Agência Europeia da Segurança Marítima e à Agência Ferroviária Europeia.

mento e aumento de sobrevida da população; a resolução de problemas ambientais associados ao transporte como a redução das emissões poluentes e do ruído; a superação do desafio energético da redução de disponibilidade de combustíveis fósseis; melhoria da mobilidade urbana. Entre as respostas apontadas contam-se, essencialmente, o desenvolvimento tecnológico e a produção de novos sistemas inteligentes para gestão de sistemas de transporte[20]; adopção de um sistema de preços inteligentes conjugado com o financiamento sustentável[21], melhor planeamento e construção de estratégias europeias no diálogo externo.

Mais recentemente, *o Livro Branco do Roteiro do espaço único europeu dos transportes – Rumo a um sistema de transportes competitivo e económico em recursos*[22] consagra como *objectivo estratégico* prioritário a *sustentabilidade* aliada à descarbonização e à melhoria da mobilidade (descongestionamentos) com recurso a novas fontes energéticas. Entre as linhas mestras apontadas contam-se o melhoramento do desempenho energético dos veículos (promover e vulgarizar fontes de energia e sistemas de propulsão inovadores e sustentáveis), a optimização do funcionamento das cadeias logísticas e a utilização mais eficiente das infra-estruturas com recurso a sistemas de gestão de tráfego.

As principais *linhas de acção* que actualmente estão sobre a mesa assentam, primacialmente: na remoção de obstáculos jurídicos ao mercado europeu de transportes, o que envolve um aprofundamento dos institutos jurídicos do direito administrativo

---

[20] O programa STI (gestão inteligente de tráfego rodoviário) – COM (2008) 886 – Programa ERTMS para a gestão inteligente do tráfego ferroviário – COM (2005) 903 – e o Programa SESAR para o aéreo – Decisão 2009/820/CE.

[21] Este constitui, em nosso entender, o principal desafio do sector, que ditará uma revolução na respectiva organização jurídica se houver vontade de instituir um verdadeiro sistema de mercado com regulação pública.

[22] COM (2011) 114 final.

europeu como forma de impulsionar a emergência de operadores multinacionais e multimodais no *espaço único europeu de transportes*; no financiamento da inovação e da investigação tecnológica e respectiva disseminação; e ainda na gestão mais eficiente das infra-estruturas e na melhoria dos sistemas de tarifação com recurso a financiamento inteligente.

b. O novo Plano Estratégico de Transportes

É precisamente com as directrizes europeias em pano de fundo que passamos para a análise crítica do já mencionado *Plano Estratégico dos Transportes* aprovado recentemente pelo Governo português, através da Resolução do Conselho de Ministros n.º 45/2011, de 10 de Novembro.

E após uma leitura completa do documento, o primeiro comentário que o mesmo nos merece é que não estamos perante o que se anuncia, pois o documento apresentado não é um plano, nem é estratégico, nem sequer é verdadeiramente sobre os transportes.

Em primeiro lugar, o documento publicado aproxima-se mais de um relatório de contas das empresas públicas de transportes no ano de 2010 do que de um *plano estratégico* referente à programação da acção executiva para a promoção da sustentabilidade dos transportes no período de 2011 a 2015. Em segundo lugar, não existem referências, minimamente consistentes, sobre o que se pode esperar em matéria de políticas de transporte, o mesmo é dizer que não se vislumbra no texto qualquer *orientação estratégica*, limitando-se a considerações vagas sobre o reforço da regulação para a promoção do ambiente concorrencial neste mercado (mas sem fazer qualquer referência a medidas concretas como, por exemplo, a aprovação de um novo regime jurídico-legal para o transporte terrestre rodoviário[23]), sobre as

---

[23] Matéria disciplinada, maioritariamente, pela Lei de Bases do Sistema de Transportes Terrestres (Lei n.º 10/90, de 17 de Março) e ainda, no que res-

novas orientações em matéria de investimento (que em boa verdade são, bem vistas as coisas, apenas um conjunto de razões para a inexistência de investimentos em novas infra-estruturas e /ou em projectos já iniciados, omitindo qualquer referência à componente de investigação e inovação tecnológica para optimização de infra-estruturas já existentes) e sobre o propósito de privatização dos operadores públicos.

Acresce ainda – como circunstância caracterizadora da falta de estratégia do documento – que a preocupação dominante assenta na sustentabilidade financeira das empresas de transportes das áreas metropolitanas de Lisboa e do Porto[24], apresentando como soluções para o alcance de um EBITDA equilibrado no final de 2012 apenas intervenções orientadas para o *desinvestimento* (descontinuação de serviços, adequação do quadro de pessoal) e de *aumento da receita* (alienação de activos e adequação dos tarifários), das quais não decorre sequer o propósito de optimizar o transporte colectivo e melhorar a sua atractividade, como se exige hoje em qualquer modelo de desenvolvimento sustentável para a mobilidade.

Igualmente impressivo é o facto de o documento se revelar omisso quanto aos problemas da mobilidade no plano nacional e em outras regiões, parecendo assumir que o transporte assentará maioritariamente no uso de veículo automóvel particular fora das áreas metropolitanas de Lisboa e Porto. Com efeito, depois de elencar o passivo e os défices operacionais das empresas que asseguram o transporte nas áreas metropolitanas de Lisboa e do Porto, o documento estabelece como *objectivo prioritário e urgente* do Governo a implementação de um conjunto de reformas que visam estancar o endividamento e que se hão-de reconduzir a três tipos essenciais: 1) reestruturação do quadro empresarial

---

peita aos aspectos de serviço público, pelo Regulamento do Transporte em Automóvel (Decreto n.º 37272, de 31 de Dezembro de 1948).

[24] Uma questão que "ocupa" 10 das 25 páginas dos documentos, facto em si impressivo da falta de visão global das questões patente no documento.

para promoção de um equilíbrio operacional tendo em vista a posterior abertura dos sectores à iniciativa privada; 2) sustação dos investimentos em curso com recurso a financiamento bancário e admissão apenas de investimentos com recurso a fundos europeus; 3) redução dos custos de operação. Ora, por muito urgentes e meritórias que estas medidas se possam revelar no actual contexto económico-financeiro (o que não se nega), é no mínimo estranho que uma *estratégia* nacional para os transportes, concebida para um período de cinco anos, não ambicione qualquer orientação para além de um ajustamento financeiro operacional de curtíssimo prazo.

Em nosso entender, esta é também uma *oportunidade perdida* para reestruturar alguns problemas essenciais do país, e também em matéria de racionalização de custos, pois uma boa infra-estruturação da mobilidade em geral é fundamental para a reorganização sustentável de outros serviços públicos, como a saúde (redução de custos com o transporte de doentes não urgentes), a justiça (reorganização do mapa judiciário sem prejuízo do acesso ao direito) e a educação (reorganização do mapa escolar sem prejuízo para o rendimento escolar dos alunos obrigados a deslocações diárias).

As raras propostas inovadoras não têm escala e, por isso, dificilmente podem ser qualificadas como estratégicas, como é o caso da aposta na dinamização dos *serviços de transporte público flexível* – definidos como os serviços com itinerários, paragens e ou horários variáveis em pelo menos uma destas dimensões e utilizadores de diferentes tipos de veículos – apresentados como a solução para a *nova mobilidade*, mas que, a final, constituem apenas uma forma de agilização de financiamento através do QREN de um *projecto piloto* lançado em 2009 pela Comunidade Intermunicipal do Médio Tejo (CIMT)[25].

---

[25] Cf. Despacho n.º 7575/2012, publicado na Série II do Diário da República, de 1 de Junho de 2012.

Por último, também não se trata verdadeiramente de um documento sobre os transportes, pois nele são também dedicadas muitas páginas à questão do endividamento das entidades que gerem as infra-estruturas (é o caso da REFER e da empresa Estradas de Portugal), sem que resulte perceptível a diferença, hoje muito vincada, entre as orientações para o desenvolvimento e o financiamento das infra-estruturas e as que dizem respeito ao sector dos transportes propriamente dito, centrado exclusivamente nos serviços prestados sobre as referidas infra-estruturas. Esta pré-arrumação dos assuntos seria fundamental para evitar, por exemplo, que a correcção a efectuar em matéria de endividamento decorrente da construção de novas infra-estruturas rodoviárias possa vir a pôr em causa a sustentabilidade da mobilidade[26].

Mais preocupante ainda é o facto de não se encontrar no documento uma linha sobre o futuro do *transporte marítimo* – as únicas referências reportam-se ao sector portuário – quando Portugal tem uma costa tão atractiva para o transporte de mercadorias, podendo concorrer a um lugar de destaque como porta de entrada de produtos na Europa, uma vez que faz parte da *"auto-estrada do Mar da Europa Ocidental"*, que liga Portugal e Espanha através do arco atlântico ao mar do Norte e ao mar da Irlanda. Seria interessante saber se há ou não perspectivas de investimento neste sector, mais concretamente qual a posição do

---

[26] Afinal, encarando as portagens (introdução das mesmas nas SCUT's e aumento nas auto-estradas já portajadas) como um instrumento de reequilíbrio financeiro dos contratos rodoviários (estimando-se um aumento de receitas de 8 mil milhões de euros, um valor que é aventado no documento sem referência a qualquer estudo que o fundamente) é adoptado o pressuposto de que o transporte continuará a assentar maioritariamente no uso do automóvel em deslocações diárias, totalmente ao arrepio das orientações europeias e internacionais em matéria de mobilidade sustentável.

país na "luta europeia"[27] sobre este tema, que tem como pano de fundo o acesso a importantes receitas de fundos europeus[28].

Também o *transporte aéreo* não merece desenvolvimentos no texto, onde apenas se faz referência à consolidação de rotas para o Brasil e África por parte da TAP, tendo em vista a valorização da empresa no âmbito da agendada privatização da mesma, e a um *processo de intenção* de manter um *hub* em Portugal nas rotas internacionais envolvendo o Brasil, Médio e Extremo Oriente e África, ficando este dependente da estratégia que vier a ser adoptada pelo adquirente da companhia aérea. No mais, encontram-se considerações vagas sobre a gestão das infra-estruturas aeroportuárias, associadas, basicamente, ao incremento da exploração turística.

Por último, não se faz referência ao modelo preconizado para o transporte ferroviário, quando seria de esperar uma *estratégia* nacional relativamente às imposições de privatização e liberalização impostas pelo direito europeu, nas quais se vislumbrasse qual deve ser o papel deste subsector, sobretudo no plano europeu, atendendo às limitações geográficas do país que não lhe permitem qualquer vocação internacional a não ser nos eixos de intermodalidade (barco-comboio ou avião-comboio), sobretudo no transporte de mercadorias a partir dos portos.

Em jeito de conclusão final, podemos adiantar que o documento apresentado sob o título de *"Plano Estratégico dos Transportes"* é apenas um documento interno de reflexão sobre o reequilíbrio financeiro das empresas públicas de transporte, pois nem na vertente de sustentabilidade financeira ele se apresenta verdadeiramente como estratégico, não mostrando um Governo que assimilou a diferença entre a construção de uma mobilidade sustentável e a sustentabilidade do financiamento público da mobilidade ... o *plano estratégico* para o sector virá depois.

---

[27] Alguns Estados Europeus não estão interessados em ficar fora do projecto das auto-estradas do mar e pretendem que venha a ser adoptado um critério alargado para abranger mais países do que os inicialmente incluídos nas rotas desenhadas.

[28] Cf. 2008/C 317/08, de 12 de Dezembro.

O REGULAMENTO 169/2009, DO CONSELHO, DE 26/2 – CONCORRÊNCIA NOS SECTORES DOS TRANSPORTES POR VIA RODOVIÁRIA, FERROVIÁRIA E VIAS NAVEGÁVEIS[1]

CAROLINA CUNHA
*Professora Auxiliar da Faculdade de Direito
da Universidade de Coimbra*

---

[1] Optámos por manter, no essencial, a forma e o estilo da nossa intervenção oral no colóquio "Novos Caminhos Para o Direito dos Transportes", realizado pelo IDET na Faculdade de Direito da Universidade de Coimbra em 25 de Novembro de 2011.

1. Introdução. A regra e as excepções

Muito boa tarde a todos. Começo por cumprimentar o Doutor Rui Marcos, moderador deste painel, bem como o Doutor Casalta Nabais e a Doutora Suzana Tavares da Silva, que nele me acompanham. Não queria ainda deixar de saudar o IDET por mais esta iniciativa numa área actualmente tão importante como é o Direito dos Transportes.

Coube-me a mim vir-vos falar da **aplicação das regras da concorrência aos sectores dos transportes ferroviários, rodoviários e por via navegável**, tal como resulta do quadro fixado pelo Regulamento 169/2009, do Conselho[2] (que, recordo, veio substituir o anterior Regulamento (CEE) n.º 1017/68[3]).

À partida, as empresas que actuam naqueles três sectores da actividade transportadora **estão sujeitas à proibição** dos acordos, decisões de associação e práticas concertadas constante do art. Artigo 101.º TFUE (ex-artigo 81.º TCE). Violando este artigo, expõem-se às **consequências** do seu comportamento ilícito, que se podem fazer sentir tanto junto das instâncias comunitárias como junto dos tribunais nacionais.

Todavia, as particularidades e a importância estratégica da indústria dos transportes levou a que o legislador europeu se preocupasse em **codificar dois conjuntos de hipóteses** em que os acordos, decisões de associação e práticas concertadas entre

---

[2] Regulamento (CE) n.º 169/2009 do Conselho de 26 de Fevereiro de 2009, JO L 61 de 5.3.2009, p. 1.

[3] Regulamento (CEE) n.º 1017/68 do Conselho, de 19 de Julho de 1968, JO L 175 de 23.7.1968, p. 1.

empresas beneficiam de uma **isenção** face à aplicação daquelas regras da concorrência.

2. Importância e particularidades da indústria dos transportes à escala europeia

Para compreendermos o **tratamento especial** dispensado ao sector dos transportes rodoviários, ferroviários e por via navegável será útil servirmo-nos dos **dados, análise e recomendações** contidas no relatório da Comissão europeia sobre *O futuro dos transportes*, publicado em 20.2.2009 (no mesmo ano, portanto, em que saiu o Regulamento que analisamos).

De acordo com o mencionado relatório, o sector dos transportes na UE **emprega** perto de 9 milhões de pessoas, 50% das quais no sector rodoviário, e dentro deste, 2/3 no transporte de mercadorias.

Dentro da UE, aliás, a *indústria de transporte de mercadorias* tem aliás vindo a crescer a um ritmo de 2,8% ao ano e a *indústria de transporte de passageiros* a um ritmo de 1,7%, registando-se um maior crescimento no transporte rodoviário do que no ferroviário

Como é sabido, a UE tem uma das redes de transporte rodoviário e ferroviário mais densas e desenvolvidas de todo o mundo. Ora, o transporte de mercadorias é justamente a **espinha dorsal** da chamada economia real. Fornece a ligação entre a produção, a distribuição e o consumo. Os serviços que a indústria do transporte presta são utilizados pelos restantes sectores da economia (indústria transformadora, comércio grossista e retalhista). Por isso constituem um elemento crucial para a **promoção da concorrência** e, através dela, da competitividade e da inovação, que levam ao crescimento económico.

O relatório sublinha que o transporte é uma **indústria de rede**, e como tal, há que atender à estreita **ligação** entre a *infra-*

estrutura e os *serviços* que permite prestar. Convém também não esquecer que as **eficiências** estão decisivamente ligadas ao estabelecimento da *rota mais barata* dentro da rede e recordar que, no capítulo das **ineficiências**, não só ainda subsistem muitas *fricções* intermodais entre os vários tipos de transporte, ou dentro do mesmo tipo entre modalidades (*v.g.*, carga e passageiros), como existem dificuldades causadas pelas muitas *fragmentações* nacionais devido a *barreiras* jurídicas e técnicas. Em particular, há que atender ao problema dos "**nós**" – os pontos de embarque da carga ou dos passageiros na rede, onde se verificam boa parte dos atrasos e perda de conexões –, "nós" que carecem urgentemente de uma melhor organização.

Por conseguinte, recomenda o citado relatório a criação de **redes de transporte plenamente integradas**, modernas e confiáveis, capazes de combinar as e tirar partido das mais-valias de cada modalidade de transporte. Aconselha, ainda, que se **facilite** a entrada nos mercados e se **reduzam** barreiras administrativas, de modo a criar um *level playing field*.

3. O regime de isenção estabelecido pelo Regulamento 169/2009

Neste contexto, percebe-se melhor a intervenção do legislador comunitário – o qual, através do Regulamento 169/2009, isenta da aplicação do art. 101.º do TFUE por um lado, os acordos, decisões e práticas concertadas que visem alcançar **melhoramentos técnicos** ou promover a **cooperação técnica** entre as empresas de transporte (art. 2.º); por outro lado, os acordos, decisões e práticas concertadas destinados à **constituição e funcionamento de agrupamentos de empresas** para a execução de actividades de transporte (art. 3.º).

No primeiro caso (o previsto no art. 2.º), o tratamento mais benevolente **justifica-se** pela necessidade de aumentar a *produtividade e eficiência* do sector e a isenção compreende aspectos como a *troca ou a utilização em comum* de pessoal, material, meios de transporte e até de instalações; a organização e a execução de *transportes sucessivos, complementares, alternativos ou combinados* (incluindo a determinação e aplicação de preços e condições globais para esses transportes); a canalização de transportes para os *trajectos mais racionais* do ponto de vista da exploração; a *coordenação dos horários* dos transportes para itinerários sucessivos; ou o agrupamento de *remessas isoladas*.

No outro grupo de casos (**art. 3.º**), o tratamento especial justifica-se pela **necessidade de melhorar a estrutura da indústria**, por vezes demasiado dispersa no sector dos transportes rodoviários e por via navegável, **estimulando os agrupamentos de pequenas e médias empresas**.

Para tanto, **isentam-se** da aplicação do art. 101.º TFUE os acordos, decisões de associação e práticas concertadas que visem a *constituição e o funcionamento de agrupamentos de empresas* para a execução de actividades de transporte, bem como aqueles que se dirijam ao *financiamento ou aquisição em comum de material ou de equipamento* necessário para a exploração desses agrupamentos.

Esta isenção, contudo, requer que as empresas envolvidas e o próprio agrupamento **não ultrapassem determinados limites em termos de dimensão** – limites aferidos pela capacidade de carga total do agrupamento e pela capacidade de carga individual das empresas nele participantes.

E, em qualquer caso, **a Comissão poderá intervir** e pôr termo ao acordo sempre que as empresas agrupadas correspondam *formalmente* aos parâmetros da isenção mas, *materialmente*, haja um abuso da isenção concedida, o que se verifica quando, em **violação** do n.º 3 do art. 101.º TFUE, se imponham às empresas quaisquer *restrições que não sejam indispensáveis* à consecução dos objectivos visados **ou** se dê às empresas a possibilidade de *eliminar a concorrência* relativamente a uma parte substancial dos serviços em causa.

4. Casos concretos

Estamos em crer que Portugal, na sua qualidade de país pequeno e periférico mas acessível por mar, estará em condições de tirar especial partido dessa sua situação no que toca ao transporte rodoviário e ferroviário de mercadorias. Nesta medida, as empresas interessadas em **organizar a ligação terrestre entre os portos de mar portugueses** (e lembro o porto de Leixões ou de Sines) **e a Europa central** serão candidatas por excelência a beneficiar das isenções concedidas pelo Regulamento 169/2009.

Recordo, aliás, nesta matéria, as importantes decisões da Comissão no caso *European Rail Shuttle* (ERS), permitindo primeiro a criação e depois a continuação de uma empresa comum constituída inicialmente por quatro e, depois, por duas sociedades de navegação (isto ainda ao abrigo do Regulamento 1017/68, que antecedeu o actual). A ERS prestava às sociedades-mãe serviços de transporte ferroviário de contentores entre o porto de Roterdão e diversos terminais italianos e alemães (e, mais tarde, também húngaros e polacos), isto sem embargo de também estar autorizada a vender a capacidade de reserva disponível a terceiros. A Comissão valorizou, sobretudo, o factor de concorrência introduzido num mercado quase exclusivamente dominado por empresas ferroviárias controladas pelos Estados.

Há, porém, que ter o cuidado de não estender os acordos para lá do que o Regulamento considera lícito, sob pena de a Comissão reagir. Foi o que sucedeu no caso FETTCSA, em que a Comissão aplicou coimas às empresas de transporte envolvidas num acordo que visava a não-concessão de descontos relativamente às tabelas publicadas de taxas e sobretaxas.

APONTAMENTOS SOBRE A TRIBUTAÇÃO DOS TRANSPORTES[*]

JOSÉ CASALTA NABAIS
*Professor Associado da Faculdade
de Direito da Universidade de Coimbra*

---

[*] Texto elaborado a partir da nossa intervenção no Colóquio «Novos Caminhos para o Direito dos Transportes», promovido pelo IDET – FDUC, no dia 25 de novembro de 2011.

SUMÁRIO: Introdução; I. Os impostos sobre os transportes: 1. Impostos em sede da tributação do rendimento: 1.1. A tributação em IRC e IRS: 1.1.1. Alguns aspetos gerais; 1.1.2. Especificidades das empresas de transporte; 1.1.3. A tributação autónoma e presuntiva dos automóveis; 1.1.4. Benefícios fiscais relativos aos transportes; 1.2. Referência ao imposto sobre a arqueação líquida; 2. A tributação em sede dos impostos sobre o consumo: 2.1. A tributação dos transportes em IVA: 2.1.1. Alusão às caraterísticas do IVA; 2.1.2. O IVA sobre os transportes; 2.2. A tributação dos transportes através do ISP; 3. Impostos específicos sobre os veículos automóveis; II. Notícia relativa a taxas e outros tributos sobre os transportes. III. Considerações finais.

Introdução

Antes de entrarmos no específico objeto destes apontamentos relativos à tributação dos transportes ou, mais exatamente, respeitantes ao quadro jurídico da tributação dos transportes, impõe-se tecer, a título de introdução, algumas considerações preliminares relativas à diversidade de realidades que se escondem sob a expressão transportes e à correspondente variedade de situações que podem ser objeto de tributação. Pois os transportes, por via de regra, constituem uma realidade multifacetada particularmente propícia a ser objeto de impostos e de diversos outros tributos, o que acontece e é visível tanto entre nós como na generalidade dos países.

Pois bem, quando falamos de transportes temos em mente, antes de mais, um setor da atividade económica particularmente importante nas atuais economias desenvolvidas. Uma atividade que, tanto na sua configuração económica como nos tipos de transporte que a integram, tem tanto de complexo como de diversificado. Pois, tendo em conta o primeiro aspeto, essa atividade não só é suporte de um importantíssimo sector económico específico, o sector dos serviços de transporte, como constitui, componente imprescindível da generalidade da atividade de produção de bens e de prestação de serviços[1]. Por seu turno, no respeitante aos tipos de transporte, basta referir que temos os transportes terrestres (ferroviários e rodoviários), marítimos e aéreos se atendermos aos meios de transporte e às infraestruturas que os servem, os transportes de mercadorias e os transportes de pessoas se tivermos em conta o objeto de transporte, os transportes locais (em que se incluem os transportes urbanos), regionais, inter-regionais e internacionais se atendermos ao seu raio de ação, os transportes coletivos e os transportes individuais, bem como transportes públicos e os transportes privados ou particulares se considerarmos o seu objeto e o seu regime jurídico, etc.[2].

Todavia, quanto nos referimos aos transportes como realidades passíveis de tributação temos em vista um objeto muito amplo, em que nos deparamos com várias realidades ou diversas maneiras de ver uma mesma realidade que é preciso ter em consideração, a saber: o importante sector da atividade de transporte, a prestação de serviços de transporte em que essa ativi-

---

[1] Sobre essa importância, v., por todos, DANIEL MURTA, *Quilómetros, Euros e Pouca Terra. Manual de Economia dos Transportes*, Imprensa da Universidade de Coimbra, 2010, p. 21 e ss.

[2] Quanto aos tipos de transporte, para além da obra de DANIEL MURTA, citada na nota anterior, v., tendo em conta, todavia, uma perspetiva jurídica, NUNO MANUEL CASTELO BRANCO BASTOS, *Direito dos Transportes*, IDET, Cadernos n.º 2, Almedina, Coimbra, 2004; MANUEL JANUÁRIO GOMES (Coord.), *Temas de Direito dos Transportes*, Vol. I, Almedina, Coimbra, 2010; SUZANA TAVARES DA SILVA, *Direito Administrativo dos Transportes*, em PAULO OTERO / / PEDRO GONÇALVES, (Coord.), *Tratado de Direito Administrativo Especial*, Vol. V, Almedina, 2011, p. 425 a 538; e GERMÁN ORÓN MORATAL (Dir. e Coord.), *Fiscalidad del Transporte*, CISS, Valencia, 2009.

dade se concretiza, bem como os próprios meios de transporte enquanto veículos que se apresentem quer como bens de consumo duradouro, quer como meios afetos à atividade de produção das empresas. Uma diversidade de objetos que conduz naturalmente a uma diversidade de tratamento em sede da tributação, designadamente no respeitante aos impostos a que os mesmos se encontram sujeitos. Mas para além da atividade e dos meios de transporte, que podem constituir, por assim dizer, objeto direto ou imediato da tributação dos transportes, não podemos deixar de aludir também, de um lado, às infraestruturas, como os portos, aeroportos, autoestradas e linhas férreas, que se apresentam vocacionadas sobretudo para a sua sujeição a taxas e outros tributos de caráter bilateral, e, de outro lado, às fontes energéticas utilizadas pelos meios de transporte, em que predominam os combustíveis particularmente expostos à tributação do consumo.

Assim, a atividade de transporte encontra-se sujeita à tributação do rendimento: em Imposto sobre o Rendimento das Pessoas Singulares (IRS) se forem empresas individuais e em Imposto sobre o Rendimento das Pessoas Coletivas (IRC) se forem empresas societárias. Por seu lado, como prestações de serviços, os transportes estão sujeitos ao Imposto sobre o Valor Acrescentado (IVA). Enfim, os veículos automóveis encontram-se sujeitos a impostos específicos, isto é, ao Imposto sobre Veículos (ISV) e ao Imposto Único de Circulação (IUC), de um lado, e à tributação autónoma em IRS e IRC incidentes sobre as despesas com alguns veículos, de outro lado. Para além disso, não podemos deixar de mencionar um outro imposto sobre o consumo, o qual, embora não incida diretamente sobre os veículos, está intimamente ligado à sua utilização, pois incide sobre os combustíveis – o Imposto sobre Produtos Petrolíferos e Energéticos (ISP).

De referir que tanto a tributação dos automóveis em ISV e IUC como a tributação dos combustíveis em ISP tem em conta a proteção do ambiente, encontrando-se tanto a sua incidência como a sua taxa ou alíquota recortadas também em função das emissões poluentes produzidas tanto pela utilização dos veículos como pelos combustíveis que estes usam como fonte de energia. O que torna o sector automóvel em Portugal um amigo visivelmente empenhado na proteção do ambiente.

Para além dos diversos impostos a que se encontram sujeitos, os transportes são objeto igualmente de diversas e numerosas taxas e de outros tributos alguns de natureza marcadamente ecológica. Um segmento da tributação dos transportes a que não podemos deixar de nos referir, que mais não seja para chamar a atenção para o crescente peso dessa fiscalidade que, muitas vezes não ousando dizer o seu verdadeiro nome, vai duplicando o conjunto dos encargos tributários que temos de suportar sem que a uma tal duplicação corresponda qualquer reforço ou melhoria dos serviços públicos prestados pelo Estado e demais entidades públicas[3].

Devemos advertir que, apesar de a tributação dos transportes não poder deixar de ter em consideração um enquadramento mais amplo decorrente quer do seu caráter internacional, sendo suporte do comércio internacional, quer decorrente da política de transportes definida pela União Europeia, não vamos aqui cuidar desses aspetos[4]. Muito embora, quanto à mencionada política comunitária, seja de acrescentar que, no respeitante à tribu-

---

[3] O que leva ao que vimos designando por duplicação do Estado fiscal – v. o nosso estudo «Da sustentabilidade do Estado fiscal», em JOSÉ CASALTA NABAIS / SUZANA TAVARES DA SILVA, (Coord.), *Sustentabilidade Fiscal em Tempos de Crise*, Almedina, Coimbra, 2011, p. 40 e ss.

[4] Para uma ideia sobre a política comunitária de transportes, v. MANUEL C. LOPES PORTO, *Teoria de Integração e Políticas Comunitárias face aos Desafios da Globalização*, 4ª ed. Almedina, Coimbra, 2009, p. 307 e ss., e SUZANA TAVARES DA SILVA e LICÍNIO LOPES, *Estudo de Metodologia de Apreciação dos Tarifários das Administrações Portuárias*, CEDIPRE – FDUC, Coimbra, 2009, p. 3 e ss. Sobre alguns desses aspetos, v. JOSÉ CASALTA NABAIS / CATARINA GOUVEIA ALVES, «O imposto sobre a arqueação líquida no quadro do direito da União Europeia», em *Estudos sobre*

tação dos transportes, sobretudo quando associada a objetivos de proteção ambiental, se depara com um relativo impasse decorrente da diversidade de configuração e importância que o sector dos transportes assume nas respetivas economias, que, como é bom de ver, apresenta-se bem diferente nas economias dos países centrais e nas economias dos países mais periféricos.

A que acresce a circunstância de, não raro, embora servida por toda uma argumentação ambiental, a tributação dos transportes, sobretudo a que incide sobre a energia, que no setor dos transportes tem um peso muito significativo, acabe sendo uma tributação exclusivamente preocupada com a obtenção de receitas, uma tributação puramente fiscal portanto[5]. O que, atento o papel estratégico dos transportes para a economia, não seja aconselhável[6].

Assim, vamos ver, primeiramente, que impostos incidem sobre os transportes no sentido lato que esta expressão comporta. Depois, faremos uma alusão às taxas e outros tributos que incidem igualmente sobre os transportes que, como já referimos, não têm deixado de crescer e multiplicarem-se. Vejamos então e pela ordem referenciada a tributação relativa aos transportes, começando pelos impostos que os têm por objeto.

I. Os impostos sobre os transportes

Pois bem, os transportes, como referimos, são objeto de diversos impostos, quer enquanto sector de atividade económica que proporciona rendimentos, ou melhor, que origina lucros,

---

Direito do Comércio Internacional – Homenagem ao Professor Adilson Rodrigues Pires, Rio de Janeiro, 2012, p. 197 e ss..

[5] De que constitui exemplo paradigmático o impostos sobre os combustíveis – o já mencionado ISP.

[6] Quanto à utilização extrafiscal do direito fiscal, em geral, v. o nosso *Direito Fiscal*, 6ª ed, Coimbra, Almedina, 2010, p. 425 e ss.

quer como prestação de serviços em que os transportes se concretizam, quer enquanto bens de consumo duradouro tributáveis tanto aquando da sua aquisição onerosa como enquanto objeto de propriedade ou titularidade por parte dos seus detentores. Ou seja, encontram-se sujeitos ao IRC ou IRS, ao IVA, aos ISV e IUC e, a seu modo, também ao ISP, imposto este a que nos amos referir, todavia, em sede dos impostos sobre o consumo.

1. Impostos em sede da tributação do rendimento

Enquanto sector de atividade económica, os transportes encontram-se sujeitos ao imposto ou impostos incidentes sobre o rendimento das empresas. O que pode, todavia, assumir duas configurações, sendo tributada como qualquer outra atividade económica através do imposto ou impostos gerais sobre o rendimento empresarial, como acontece entre nós, que é tributada em IRC ou em IRS, ou, ao invés, constituir a atividade transportadora ou alguma das suas modalidades objeto de uma tributação especial como a que vem sendo adotada em diversos países sob a designação de *tonnage tax*. O que impõe que, para além dos desenvolvimentos que vamos fazer relativamente à tributação da atividade transportadora em sede do IRC ou do IRS, façamos também alusão a essa tributação especial adotada no domínio do transporte marítimo.

1.1. *A tributação em IRC e IRS*

Como sector de atividade económica, os transportes encontram-se sujeitos: ao IRC se forem empresas coletivas ou societárias, como será a regra para o exercício dessa atividade, sobretudo quanto esteja em causa a atividade de transporte ferroviário, marítimo e aéreo; ou ao IRS se forem empresas singulares, ou seja, empresas que tenham por titular uma pessoa singular. O que vale tanto no respeitante à correspondente *obrigação de imposto* como no concernente às múltiplas e diversificadas *obrigações acessórias* a cujo cumprimento as empresas se encontram presentemente adstritas. Ou seja, as empresas de transportes encontram-se sujeitas à generalidade das normas do Código do IRC e, no caso de serem empresas singulares, também às normas do Código do IRS aplicáveis ao rendimento empresarial em sentido amplo, isto é, ao rendimento da categoria B – rendimento empresarial e profissional.

Trata-se, pois, de uma tributação que não tem grandes especificidades no respeitante às empresas de transportes, integrando, de resto, tanto as tributações autónomas que crescentemente têm vindo a impender sobre as empresas, como a tributação em IRS baseada nos rendimentos padrão de certas manifestações de fortuna entre as quais sobressaem justamente as correspondentes à aquisição onerosa de automóveis ligeiros, barcos de recreio e aeronaves de turismo.

Vejamos então a tributação em IRC ou IRS das empresas de transporte, referindo sucessivamente alguns aspetos gerais da mesma, as especificidades no respeitante às empresas de transporte e, bem assim, à tributação autónoma e presuntiva relativa dos veículos automóveis.

1.1.1. *Alguns aspetos gerais*. Pois bem, o do rendimento proporcionado pelo sector dos transportes enquanto ramo de atividade económica, é tributado em IRC ou em IRS consoante sejam empresas societárias ou individuais, convocando a aplicação do respetivo código. Embora, regendo-se o IRS empresarial, em larga medida, pelas normas do Código do IRC, para as quais remete o art. 32.º do Código do IRS, compreende-se que a convocação deste Código acabe por ser muito limitada, reportando-se a algumas especificidades do IRS empresarial, entre as quais se contam o englobamento do lucro empresarial no rendimento global para efeitos de o mesmo ser submetido ao IRS e, bem assim, à referência ao regime simplificado de tributação que, atualmente, apenas é reconhecido em sede do IRS, em que temos uma tributação aferida pelo rendimento bruto, quando não superior a € 150.000, obtido pelas empresas singulares que, podendo, optem por esse regime.

Naturalmente que, como se compreende, não vamos aqui analisar o IRC nem sequer descrever os momentos mais importantes da sua dinâmica. Vamos, isso sim, aludir apenas aos três passos mais visíveis em que se consubstancia a determinação da matéria coletável desse imposto, dizendo que esta se apura, num sistema de dependência parcial do direito fiscal face ao direito contabilístico ou, noutra versão da fiscalidade face à contabilidade, como é o nosso sistema[7], partindo do *lucro contabilístico*, passando, depois, ao *lucro tributável* e deste à *matéria coletável* do IRC, à qual se aplica a taxa ou alíquota para determinar o montante da coleta do IRC, a qual, sempre que não haja lugar a deduções à coleta, coincide com o imposto a pagar.

Pois bem, as empresas de transportes, como as demais empresas, são tributadas com base no lucro apurado nos termos do Código do IRC. Por conseguinte, tendo em conta as disposições deste Código, a determinação da matéria coletável do IRC empresarial, parte do *lucro contabilístico*, o qual, nos termos do n.º 2 do art. 3.º, seguindo a chamada *teoria do balanço*, é considerado como consistindo na diferença positiva entre os valores do património líquido no fim e no início do período de tributação. Ou seja, sempre que o período de tributação coincida com

---

[7] O que tende a suceder, de resto, na generalidade dos sistemas fiscais – v., a este respeito e por todos, TOMÁS CANTISTA TAVARES, *Da relação de dependência parcial entre a Contabilidade e o Direito Fiscal na Determinação do Rendimento Tributável das Pessoas Colectivas: Algumas Reflexões*, Cadernos de Ciência e Técnica Fiscal, 1999, esp. p. 47 e ss., bem como *IRC e Contabilidade. Da Realização ao Justo Valor*, Almedina, Coimbra, 2011, esp. p. 163 e ss.

o ano civil, como é a regra, o lucro contabilístico consistirá na diferença positiva entre os valores do património líquido apurado no dia 31 de dezembro e o apurado no dia 1 de janeiro do mesmo ano.

Depois, passando do lucro contabilístico ao *lucro tributável*, segundo o disposto n.º 1 do art. 17.º, este é definido como a soma algébrica do resultado líquido do período de tributação e das variações patrimoniais positivas e negativas verificadas no mesmo período e não refletidas nesse resultado, determinados com base na contabilidade e eventualmente corrigidos nos termos do Código do IRC. Uma passagem do lucro contabilístico ao lucro tributável cujos passos se encontram recortados nas normas constantes dos artigos 17.º e seguintes do Código, em que encontramos toda uma série de afastamentos ou de não correspondência entre o tratamento contabilístico e o tratamento fiscal das correspondentes componentes (positivas e negativas) do lucro.

Enfim, a *matéria coletável* obtém-se, segundo o disposto na alínea *a)* do n.º 1, do art. 15.º do Código do IRC, pela dedução ao lucro tributável, determinado nos termos dos artigos 17.º e seguintes, dos prejuízos fiscais (nos termos do art. 52.º)[8] e dos benefícios fiscais que se materializem em deduções ao lucro tributável. A que é de acrescentar ainda a dedução para eliminar ou atenuar a dupla tributação económica dos lucros distribuídos, nos termos do art. 51.º, a qual não figura na enumeração daquele preceito do Código do IRC por manifesta falta de adaptação do mesmo à alteração operada em 2002[9], quando a eliminação ou a atenuação da dupla tributação económica dos lucros distribuídos deixou de operar em sede de deduções à coleta[10] para passar a ser considerada em sede da determinação da matéria coletá-

---

[8] Que presentemente se concretiza, segundo o art. 52.º do Código do IRC, na possibilidade de reporte dos prejuízos apurados nos últimos cinco anos.

[9] Pela LOE/2002 –a Lei n.º 109-B/2001, de 17 de dezembro.

[10] Prevista na altura no revogado art. 84.º do Código do IRC.

vel, apresentando-se, por conseguinte, nesta nova configuração, como uma dedução ao lucro tributável[11].

É, pois, sobre a matéria coletável que opera a liquidação em sentido estrito, concretizada no apuramento da coleta através da aplicação da taxa ou alíquota do imposto à matéria coletável. Uma operação que, por via de regra, nos dá o montante do imposto a pagar. Só assim não sucederá quanto haja lugar a deduções à coleta, as quais se reconduzem à dedução por dupla tributação internacional e aos benefícios fiscais que se concretizem em deduções à coleta, nos termos previstos nos arts. 90.º e 91.º do Código[12].

Passos estes que, tirando naturalmente o relativo às deduções à coleta para apuramento do IRC a pagar, são comuns ao IRS empresarial, muito embora, no apuramento dos rendimentos empresariais e profissionais sobre os quais incide este imposto seja de aplicar também as disposições do Código do IRS salvaguardadas na mencionada remissão do art. 32.º do Código do IRS, entre as quais sobressai a que dá suporte a uma *dupla lista* de gastos económicos e contabilísticos não considerados fiscalmente, uma vez que aos gastos fiscalmente desconsiderados no Código do IRC[13] acrescem os desconsiderados pelo Código do IRS, mais especificamente os previstos no seu art. 33.º[14].

---

[11] Quanto às razões desta alteração, v., por todos, J. XAVIER DE BASTO, *IRS: Incidência Real e Determinação dos Rendimentos Líquidos*, Coimbra Editora, Coimbra, 2007, p. 265 e ss.

[12] Recorde-se que estamos a falar de deduções que se integram na *liquidação* do imposto em sentido amplo, isto é, na determinação do montante do IRC a pagar, e não das deduções que respeitam ao *pagamento* do mesmo, em que têm lugar naturalmente as deduções dos pagamentos que já tenham sido realizados – as deduções correspondentes aos pagamentos por conta e às retenções na fonte que hajam tido lugar – v. o nosso *Direito Fiscal*, cit., p. 554 e s.

[13] Em que sobressaem os constantes dos n.ºs 2 a 5 do art. 23.º.

[14] Em que tem especial peso a exclusão dos gastos fiscais as remunerações dos titulares de rendimentos empresariais e profissionais, bem como

E, se o que vimos de dizer vale tanto para o IRC como para o IRS empresarial, não podemos esquecer, todavia, que, integrando-se este último num imposto de natureza pessoal[15], o lucro das empresas singulares, apurado nos termos sumariamente referidos com base no Código do IRC com as especificidades constantes do Código do IRS, constitui uma das componentes do rendimento global que, depois e nessa configuração, será objeto de personalização, seja através da aplicação de uma taxa ou alíquota progressiva por escalões, que vai presentemente dos

---

as atribuídas a membros do seu agregado familiar que lhes prestem serviço, assim como outras prestações a título de ajudas de custo, utilização de viatura própria ao serviço da atividade, subsídios de refeição e outras prestações de natureza remuneratória. A respeito da exclusão desses gastos no apuramento do lucro tributável que todavia constituem gastos em sede dos direitos contabilístico, do trabalho e da segurança social, é de acrescentar que tais remunerações não ficariam excluídas da tributação em IRS se fossem tidas como gastos fiscais, já que integrariam os rendimentos da categoria A do IRS. Daí que essa exclusão tenha o significado de as considerar como rendimentos da categoria B, em vez de os vir a integrar na categoria A. O que tem a importante consequência traduzida em o seu titular não poder fazer valer a correspondente dedução específica prevista para a categoria A no art. 25.º do Código do IRS.

[15] Natureza que vem sendo alvo de fortes investidas por parte das últimas leis do Orçamento de Estado – a LOE/2011 e, sobretudo, a LOE/2012. Investidas que, é de salientar, subvertem o carácter pessoal do IRS, uma vez que transformam esse imposto de imposto sobre o *rendimento disponível* das pessoas e famílias num imposto sobre o *rendimento global*, o qual, atendendo ao fraco montante ou à inexistência mesmo de deduções específicas relativamente a algumas categorias de rendimento, equivale a termos um IRS em larga medida sobre o *rendimento bruto*. O que, não só afeta o núcleo essencial do carácter pessoal que esse imposto deve ter como viola, a nosso ver, o princípio da capacidade contributiva, brigando assim com diversos preceitos da constituição fiscal. Sobre esta e suas implicações em sede da tributação pessoal do rendimento, v. o nosso livro *O Dever Fundamental de Pagar Impostos. Contributo para a compreensão do estado fiscal contemporâneo*, Almedina, Coimbra, 1998, p. 512 e ss.

11,5% até aos 46,5%[16], seja procedendo às deduções à coleta previstas nos arts. 78.º e seguintes do Código do IRS, entre as quais se salientam as de natureza pessoal.

1.1.2. *Especificidades das empresas de transporte.* Mas deixando esses aspetos gerais do IRC e IRS empresarial, vejamos o que de específico se oferece em sede da tributação do rendimento proporcionado pela atividade das empresas de transportes. E, nesta sede, vamos referir-nos a três aspetos, a saber: às empresas de navegação marítima e aérea, à distinção entre os veículos utilizados pelas empresas como meios afetos à produção e os veículos que constituam meros bens de consumo duradouro das mesmas e a alguns benefícios fiscais relativos aos transportes.

Relativamente às empresas de navegação marítima e aérea, é de sublinhar que se trata de uma atividade da maior importância no setor das comunicações, constituindo um meio considerado idóneo para cobrir a diferença entre a oferta e a procura que se verifica em sede dos meios de transporte rodoviário e ferroviário. Atividade que, pelas suas caraterísticas específicas, tem manifesta vocação internacional, caindo assim frequentemente sob a alçada de duas ou mais jurisdições a exigir uma regulação tributária no sentido de eliminar a dupla tributação internacional[17]. Uma preocupação que, suportando o art. 8.º da Modelo de Convenção Fiscal sobre o Rendimento e o Património da

---

[16] A que acresce ainda a *taxa adicional de solidariedade* de 2,5%, que incide sobre o rendimento coletável superior a € 153.300, a qual foi criada pela LOE/2012 para vigorar nos anos de 2012 e 2013.

[17] Atividade que, por constituir um setor económico tão importante, estraégico mesmo, vem sendo objeto de cuidado planeamento fiscal nacional e internacional por parte das empresas que a desenvolvem e de regimes de incentivo ao seu desenvolvimento e competitividade por parte dos Estados. Regimes estes que tendem a ser concretizados através de específicos regimes de tributação diversos do regime geral de tributação das empresas, como o imposto sobre a arqueação líquida dos navios – v. *infra* no ponto I.1.2.

OCDE[18], está presente no art. 13.º do Código do IRC, que isenta de «IRC os lucros realizados pelas pessoas coletivas e outras entidades de navegação marítima e aérea não residentes provenientes da exploração de navios ou aeronaves, desde que isenção recíproca e equivalente seja concedida às empresas residentes da mesma natureza e essa reciprocidade seja reconhecida pelo Ministro das Finanças, em despacho publicado no Diário da República». O que configura a adoção por parte de Portugal, em sede da dupla tributação internacional do rendimento, de um método para a eliminar diferente daquele que é habitual, uma vez que, por via de regra, segue o método do crédito de imposto ordinário ou método da imputação ordinária. E isto tanto nas numerosas Convenções de Dupla Tributação (CDT) que vem celebrando, como no regime unilateral que adotou, o qual consta do art. 91.º do Código do IRC e do art. 81.º do Código do IRS[19].

---

[18] Que estabelece: 1. Os lucros provenientes da exploração de navios ou aeronaves no tráfego internacional só podem ser tributados no Estado contratante em que estiver situada a direção efetiva da empresa; 2. Os lucros provenientes da exploração de barcos utilizados na navegação interior só podem ser tributados no Estado contratante em que estiver situada a da direção efetiva da empresa; 3. Se a direção efetiva de uma empresa de navegação marítima, ou de uma empresa de navegação interior, se situar a bordo de um navio ou de um barco, a direção efetiva considera-se situada no Estado contratante em que se encontra o porto de registo do navio ou barco ou, na falta de porto de registo, no Estado contratante de que é residente a pessoa que explore o navio ou o barco; 4. O disposto no n.º 1 é aplicável igualmente aos lucros provenientes da participação num *pool*, numa exploração em comum ou num organismo internacional de exploração». V. sobre esse regime em geral, G. M. SARNO, «Shipping inland waterways transports and air transport under art. 8 OECD MC», *Diritto e Pratica Tributara Internazionale*, 2000, p. 239 e ss.; e PIETRO ADONNINO, Profili impositivi delle imprese di trasporto aereo e marittimo», *Rivista di Diritto Tributario Internazionale*, 3/2002, p. 32 e ss.

[19] Tirando as exceções traduzidas na possibilidade de opção pelo método de isenção com progressividade previsto no regime dos residentes não habituais (art. 24.º do Código Fiscal do Investimento) e, a seu modo, relativamente aos chamados residentes virtuais (art. 17.º-A do Código do IRC) reconhecidos na sequência da doutrina *Schumacker* (C. 279/93) e *Wielockx* (C-

Por seu lado, quanto à distinção entre os veículos utilizados pelas empresas como meios de produção e os veículos que constituam bens de consumo duradouro das próprias empresas, é de aludir à diferença do seu tratamento fiscal. Com efeito, enquanto os primeiros são considerados no apuramento do lucro contabilístico das empresas, pois a sua depreciação ou amortização integra os gastos, como acontece com a depreciação ou amortização de quaisquer elementos que constituam ativos fixos tangíveis, ativos intangíveis ou propriedades de investimento das empresas, nos termos dos arts. 23.º, n.º 1, alínea g), e 29.º a 34.º do Código do IRC[20], e do art. 33.º, n.º, 2, do Código do IRS, os segundos não são objeto de qualquer consideração desse tipo na tributação do rendimento das empresas.

Consideração aquela que está, todavia, limitada, pois, nos termos da alínea e) do n.º 1 do art. 34.º do Código do IRC, não são aceites como gastos as depreciações de viaturas ligeiras de passageiros ou mistas na parte correspondente ao custo de aquisição excedente ao montante a definir pelo membro do Governo responsável pela área das finanças[21], bem como dos barcos de re-

---

484/93) do Tribunal de Justiça da União Europeia (TJUE) – v. Carlos Dos Santos, A. / António M. F. Martins (Coord.), *Competitividade, Eficiência e Justiça do Sistema Fiscal – Relatório do Grupo para o Estudo da Política Fiscal.*, Cadernos de Ciência e Técnica Fiscal, 2009, p. 387 e s.

[20] Depreciação ou amortização que, segundo o disposto no art. 4.º do Regime das Depreciações e Amortizações (Decreto Regulamentar n.º 25/2009, de 14 de setembro), pode seguir o método das quotas decrescentes, desde que não sejam viaturas ligeiras de passageiros ou mistas a menos que estas se encontrem afetas à exploração de serviço público de transportes ou sejam destinadas a ser alugadas no exercício da atividade normal da empresa.

[21] V. a Portaria n.º 467/2010, de 7 de julho, em que os gastos com a depreciação de viaturas têm um importante limite, o qual é, de resto, diferenciado em função da energia utilizada, pois a depreciação a considerar é apenas a relativa à parte dos custos de aquisição que não ultrapasse, para os veículos adquiridos a partir de 2012, € 50.000 para os movidos exclusivamente a energia elétrica e € 25.000 para os restantes veículos.

creio e aviões de turismo e todos os gastos com eles relacionados, desde que tais bens não estejam afetos à exploração do serviço público de transportes ou não se destinem a ser alugados no exercício da atividade normal do sujeito passivo. Um tratamento que está em consonância com a não consideração, segundo a alínea *l)* do n.º 1, do art. 45.º, como encargos fiscais das menos--valias realizadas relativas a barcos de recreio, aviões de turismo e viaturas ligeiras de passageiros ou mistas que não estejam afetos à exploração do serviço público de transportes ou não se destinem a ser alugados no exercício da atividade normal do sujeito passivo, nos termos da alínea *e)* do n.º 1 do art. 34.º.

O que bem se compreende, uma vez que, segundo o disposto n.º 1 do art. 23.º do Código do IRC, consideram-se gastos os que comprovadamente sejam indispensáveis para a realização dos rendimentos sujeitos a IRC ou para a manutenção da fonte produtora, entre os quais se contam, naturalmente, os diversos gastos e encargos relativos aos transportes como se ilustra na alínea *b)* do mencionado preceito.

Enfim, relativamente aos benefícios fiscais em geral é de referir que estes s verificam sobretudo em dois segmentos, isto é,: no respeitante aos transportes públicos e relativamente aos veículos automóveis amigos ou mais amigos do ambiente. O que tem expressão também na tributação do rendimento, muito embora seja de referir que, enquanto os primeiros se encontram contemplados basicamente em sede do IRC, os segundos são objeto de benefícios fiscais mais amplos com destaque para a Isenção total em ISV e IUC[22].

Assim, em sede do IRC tem particular importância o art. 70.º do Estatuto dos Benefícios Fiscais, em que com a epígrafe «medidas de apoio ao transporte rodoviário de passageiros e de mercadorias»[23], na redação resultante da LOE/2012 (Lei n.º 64-A/

---

[22] V. quanto a estes impostos *infra*, no ponto I.3.
[23] Um preceito aditado pelo art. 99.º da LOE/2009 (Lei n.º 64-A/2008, de 31 de dezembro).

/2011, de 30 de dezembro), isenta do mencionado imposto a diferença positiva entre as mais-valias e as menos-valias resultantes da transmissão onerosa de veículos e majora os gastos com os combustíveis.

Assim, quanto à isenção de IRC, reporta-se ela à diferença positiva entre as mais-valias e as menos-valias resultantes da transmissão onerosa de veículos, desde que reinvestida nos dois períodos seguintes em veículos da mesma natureza e afetação, de: a) veículos afetos ao transporte público de passageiros com lotação igual ou superior a 22 lugares, por sujeitos passivos de IRC licenciados pelo Instituto da Mobilidade e dos Transportes Terrestres (IMTT); b) veículos afetos ao transporte em táxi, pertencentes a empresas devidamente licenciadas para esse fim; c) veículos de mercadorias com peso bruto igual ou superior a 12 t, adquiridos antes de 1 de Julho de 2009 e com a primeira matrícula anterior a esta data, afetos ao transporte rodoviário de mercadorias público ou por conta de outrem.

Por seu lado quanto à majoração dos gastos em combustíveis, traduz-se esse benefício em os custos suportados com a aquisição, em território português, de combustíveis para abastecimento de veículos serem dedutíveis, em valor correspondente a 120 % do respetivo montante, para efeitos da determinação do lucro tributável em IRC, quando se trate de: a) veículos afetos ao transporte público de passageiros, com lotação igual ou superior a 22 lugares, e estejam registados como elementos do ativo imobilizado de sujeitos passivos de IRC que estejam licenciados pelo IMTT; b) veículos afetos ao transporte rodoviário de mercadorias público ou por conta de outrem, com peso bruto igual ou superior a 3,5 t, registados como elementos do ativo imobilizado de sujeitos passivos IRC e que estejam licenciados pelo IMTT; c) veículos afetos ao transporte em táxi, registados como elementos do ativo imobilizado dos sujeitos passivos de IRS ou de IRC, com contabilidade organizada e que estejam devidamente licenciados.

Como benefício fiscal em sede do IRC relativo aos transportes públicos é de mencionar ainda a possibilidade de opção no cálculo das depreciações e amortizações dos ativos fixos tangíveis que sejam viaturas ligeiras de passageiros ou mistas afetas à exploração de serviço público de transportes ou destinadas a ser alugadas no exercício da atividade normal do sujeito passivo, nos termos da alínea b) do n.º 2 do art. 30.º do Código do IRC.

1.1.3. *A tributação autónoma e presuntiva dos automóveis*. A respeito da tributação dos transportes a título de tributação do rendimento, é de aludir também à *tributação autónoma* em IRC e IRS das despesas com viaturas, bem como à tributação presuntiva em IRS suportada pela propriedade de veículos automóveis.

Assim, impende sobre as despesas com viaturas ligeiras de passageiros ou mistas, à taxa ou alíquota de 10% no caso de despesas realizadas por empresas singulares, nos termos do art. 73.º do Código do IRS, e à taxa ou alíquota de 10% ou 20% no caso de despesas realizadas por empresas coletivas[24], nos termos do art. 88.º do Código do IRC. Uma tributação que nos é apresentada nos preceitos em causa sob a designação de «taxas de tributação autónoma», o que, como é óbvio, não corresponde à realidade, já que se trata antes de uma verdadeira tributação autónoma em sede do IRC ou em sede do IRS[25].

---

[24] Sendo a taxa ou alíquota de 10% ou de 20% consoante o custo das viaturas ligeiras de passageiros ou mistas não ultrapasse ou ultrapasse os € 40.000, no termos decorrentes da alínea e) do n.º 1 do art. 34.º do Código do IRC e da Portaria n.º 467/2010, de 7 de julho.

[25] A respeito dessas tributações devemos dizer que as mesmas começaram por se reportar a situações suscetíveis de elevado risco de evasão fiscal, limitando-se a mesma à tributação das despesas confidenciais e não documentadas. Por isso, as normas que as previam configuravam não verdadeiras normas de tributação, mas antes normas que tinham por função o acompanhamento, vigilância e fiscalização da atuação fiscal dos contribuintes e, por conseguinte, de luta contra o crescente fenómeno de evasão fiscal. Todavia, com o andar do tempo, a função dessas tributações autónomas, que,

Pois trata-se de uma tributação que inclusive não incide sobre o rendimento das empresas mas sobre a despesa, o que tem implicações diversas, entre as quais se contam as decorrentes do facto de se tratar de um imposto instantâneo ou de obrigação única, como a relativa ao carácter verdadeiramente retroativo das leis que aumentem essas tributações relativamente a despesas já realizadas. O que, sublinhe-se, não foi tido em conta pelo Tribunal Constitucional quando, no seu Acórdão 18/2011, se pronunciou pela não verificação de retroatividade relativamente à aplicação do aumento das taxas ou alíquotas de tributação autónoma das despesas de representação e relativas a viaturas ligeiras de passageiros ou mistas já realizadas quando entrou em vigor a lei que aprovou esse aumento – a Lei n.º 64/2008, de 5 de dezembro.

Uma conclusão que fundamentou argumentando, a nosso ver, com total desfasamento face à realidade, verificar-se aí uma mera retrospetividade ou retroatividade imprópria. Para o que se socorrese da anualização do facto tributário concretizado nessas despesas, as quais, atendendo à sua natureza, as empresas poderiam ter optado perfeitamente por as não realizar se soubessem dos custos fiscais que as mesmas iriam implicar. No sentido correto decidiu o STA que concluiu pela retroatividade do referido aumento aplicado a despesas já realizadas, julgando, por conseguinte, inconstitucional a norma que o aprovou[26]. O que teve como consequência o Tribunal Constitucional, no seu Acórdão 310/2012, infirmando o entendimento perfilhado no referido acórdão 18/2011, ter julgado inconstitucional o mencionado aumento.

---

entretanto, se diversificaram extraordinariamente e aumentaram de valor, alterou-se profundamente passando a ser progressivamente a de obter (mais) receitas fiscais, assumindo-se, assim, como efetivos impostos sobre a despesa, se bem que enxertados, em termos totalmente anómalos, na tributação do rendimento.

[26] No seu Acórdão de 6 de julho de 2011, Processo n.º 0281/11.

Refira-se, todavia, que se encontram excluídas da referida tributação autónoma em IRS, nos termos do n.º 3 do art. 73.º do Código do IRS, os encargos relacionados com viaturas ligeiras de passageiros ou mistas afetas à exploração de serviço público de transportes ou destinadas a ser alugadas no exercício da atividade normal do sujeito passivo, bem como das depreciações relacionadas com viaturas utilizadas por trabalhador ou membro de órgão social em virtude de acordo escrito.

Depois, ainda a título de tributação do rendimento é de aludir à *tributação presuntiva* em sede do IRS baseada em manifestações de fortuna entre as quais se contam precisamente a aquisição onerosa de veículos[27]. Pois, nos termos do art. 89.º da Lei Geral Tributária (LGT), há lugar a avaliação indireta da matéria coletável quando falta a declaração de rendimentos e o contribuinte evidencie determinadas manifestações de fortuna ou quando o rendimento líquido declarado mostre uma desproporção superior a 50%, pelo menos, em relação ao rendimento padrão correspondente às referidas manifestações[28].

Uma avaliação indireta da matéria coletável em IRS que se traduz em ser considerado como rendimento tributável, caso o contribuinte não prove que correspondem à realidade os rendimentos declarados e de que é outra a fonte dessas manifestações, o rendimento padrão estabelecido para as correspondentes

---

[27] V. sobre a natureza presuntiva dessa tributação, JOÃO SÉRGIO RIBEIRO, *Tributação Presuntiva do Rendimento. Um Contributo para Reequacionar os Métodos Indirectos de Determinação da Matéria Tributável*, Almedina, Coimbra, 2010, p. 299 e ss.

[28] V. sobre essas manifestações de fortuna o nosso estudo «Avaliação indirecta e manifestações de fortuna na luta contra a evasão fiscal», agora em *Por um Estado Fiscal Suportável – Estudos de Direito Fiscal*, vol. II, Almedina, Coimbra, 2008, p. 102 e ss., bem como a anotação ao Acórdão do STA (Pleno da SCT) de 19 de maio de 2010 – Processo n.º 0734/09, com o título «Avaliação indirecta da matéria tributável e justificação parcial das manifestações de fortuna», *Revista de Legislação e de Jurisprudência*, ano 139, 2009/10, p. 357 e ss.

manifestações de fortuna. Pois bem, entre essas manifestações de fortuna, sobressaem muito claramente as concretizadas na aquisição onerosa de automóveis ligeiros de passageiros, motociclos e barcos de recreio cujo valor ultrapasse certo montante, bem como as aeronaves de turismo, como se pode ver pela tabela constante do n.º 4 do art. 89.º da LGT, que aqui reproduzimos.

	Manifestações de fortuna	Rendimento padrão
1	Imóveis de valor de aquisição igual ou superior a € 250 000.	20% do valor de aquisição
2	Automóveis ligeiros de passageiros de valor igual ou superior a € 50 000 e motociclos de valor igual ou superior a € 10 000.	50% do valor no ano de matrícula com o abatimento de 20% por cada um dos anos seguintes.
3	Barcos de recreio de valor igual ou superior a € 25 000.	Valor no ano de registo, com o abatimento de 20% por cada um dos anos seguintes
4	Aeronaves de turismo.	Valor no ano de registo, com o abatimento de 20% por cada um dos anos seguintes
5	Suprimentos e empréstimos feitos no ano de valor igual ou superior a € 50 000.	50% do valor anual

1.1.4. *Benefícios fiscais relativos aos transportes.* Sem qualquer preocupação de fazer o levantamento dos eventuais benefícios fiscais relativos a todos e cada um dos tipos de transporte, impõe-se, todavia, assinalar aqui, atento o seu alcance e importância, dois benefícios fiscais relativos aos transportes. Estamos a referirmo-nos, de um lado, a um regime fiscal excepcional de que beneficiam as empresas que se encontram licenciadas na Zona Franca da Madeira e, de outro lado, ao benefício fiscal à marinha mercante nacional constante do art. 51.º do EFB. Uma palavra sobre estes benefícios.

No respeitante às empresas licenciadas na Zona Franca da Madeira para o exercício da atividade de transporte[29], dispõe o art. 36.º do EBF[30] que estas empresas serão tributadas, em sede de IRC, à taxa de: 3% entre 2007 e 2009; 4%, entre 2010 e 2012; e 5% entre 2013 e 2020 – desde que preencham os demais requisitos de elegibilidade, que são, nos termos do n.º 2 do mencionado do artigo as empresas iniciarem a sua atividade no prazo máximo de 6 meses após o licenciamento e preencher um de dois requisitos: a) a criação de um a cinco postos de trabalho, nos seis primeiros meses de atividade e realização de um investimento mínimo de € 75.000 na aquisição de ativos fixos corpóreos ou incorpóreos, nos dois primeiros anos de atividade; ou b) criação de seis ou mais postos de trabalho, nos seis primeiros meses de atividade. Como se está a ver este regime constitui, claramente, um apoio expressivo ao setor, sobretudo se tivermos em conta que a taxa de IRC geralmente aplicável às entidades empresariais é de 25%.

Por seu lado, nos termos do art. 51.º do EBF, às empresas armadoras da marinha mercante nacional são concedidos os seguintes benefícios fiscais: a) tributação dos lucros, resultantes exclusivamente da atividade de transporte marítimo, incidindo apenas sobre 30% dos mesmos; b) isenção de imposto do selo nas operações de financiamento externo para aquisição de navios, contentores e outro equipamento para navios, contratados por empresas armadoras da marinha mercante, ainda que essa contratação seja feita através de instituições financeiras nacionais. Benefícios fiscais muito significativos dirigidos à promoção do transporte nacional pela marinha marcante nacional.

---

[29] A Zona Franca da Madeira foi criada pelo Decreto-Lei n.º 500/80, de 20 de outubro, para ser uma área de «livre importação e exportação de mercadorias».

[30] Aprovado pelo Decreto-Lei n.º 215/89, de 1 de julho, na redacção que lhe foi dada pela LOE – Lei n.º 64-B/2011, de 30 de dezembro.

Refira-se que, embora os benfícios fiscais caduquem ao fim de cinco anos de vigência, nos termos do art. 3º do EBF, disposição esta ativada pela LOE/2007, o que conduziria à caducidade da generalidade dos benefícios no fim do ano de 2011, os benefícios acabados de referir foram excluídos dessa sunset pelo art. 146º da LOE/2012.

1.2. Referência ao imposto sobre a arqueação líquida

Mas, como dissemos, desde há tempos que em alguns países e, mais recentemente, noutros, a atividade transportadora relativa aos transportes marítimos vem sendo objeto de uma tributação separada, ou seja, de um imposto especial, face à tributação baseada no lucro real das empresas[31]. O que, embora não sendo uma solução que valha para toda a atividade transportadora, pois limita-se às empresas de transporte marítimo de mercadorias, nem por isso deixa de ter um alto significado, para o que basta mencionar que mias de 80% do comércio mundial se faz por via marítima[32].

Trata-se do imposto sobre a arqueação líquida, conhecido pela expressão inglesa *tonnage tax*. Dizemos, por um lado, imposto sobre a arqueação e não imposto sobre a tonelagem, que é, de resto, a tradução literal da expressão *tonnage tax* usada internacionalmente, porque, desde a Convenção Internacional sobre a Arqueação de Navios[33], essa designação deixou de ser inteira-

---

[31] Caracter especial reconhecido em geral como o faz, por exemplo, o art. 104.º, n.º 2, da Proposta de Diretiva do Conselho relativa a uma Matéria Coletável Comum Consolidada do Imposto sobre as Sociedades (MCCCIS) – COM (2011) 121 final, de 16.03.2011.

[32] Sendo que, mesmo em Portugal, cerca de 60% do comércio externo e 70% das importações ocorre por via marítima.

[33] *International Convention on Tonnage Measurement of Ships*, adotada a 23 de junho de 1969, em Londres, no seio da Organização Marítima Internacional, a qual entrou em vigor em 18 de julho de 1982 para os navios

2. A tributação em sede dos impostos sobre do consumo

Mas os transportes também são objeto dos impostos sobre o consumo. Mais especificamente, os transportes encontram-se sujeitos ao IVA tanto os meios de transporte na medida em que são objeto de transmissão onerosa como as prestações de serviços de transporte. Para além disso, tendo em conta que os veículos utilizam como energia combustíveis fósseis, o sector dos transportes encontra-se onerado também pelo já referido ISP.

2.1. *A tributação dos transportes em IVA*

No que concerne ao IVA, devemos começar por referir muito sumariamente algumas das suas características para, depois, aludirmos à sua incidência sobre os transportes, considerando tanto os meios de transporte como a prestação de serviços de transporte e dando conta do que de específico tem essa tributação. Complementarmente é de referir o papel que os transportes têm no respeitante à localização da generalidade das transmissões de bens.

2.1.1. *Alusão às caraterísticas do IVA*. Quanto às características do IVA, limitamo-nos aqui a algumas notas sumárias, salientando que se trata de um imposto geral sobre o consumo, de matriz comunitária, que opera em todas as fases do processo produtivo segundo o método subtrativo indireto, dominado pela pretensão de ser neutro nos seus efeitos sobre o consumo e sobre a produção e baseado, no respeitante ao comércio internacional e comunitário (embora neste a título transitório) no princípio da tributação no país de destino[39]. A que é de acrescentar uma

---

[39] V. sobre essas características do IVA, por todos, CLOTILDE CELORICO PALMA, *Introdução ao Imposto sobre o Valor Acrescentado*, 5ª ed., Almedina, Coimbra, 2011, p. 17 e ss.

referência às regras gerais sobre a localização das operações sujeitas a IVA.

Em primeiro lugar, é um imposto geral sobre o consumo, porque o IVA, diversamente do que sucede com os impostos especiais sobre o consumo, que oneram apenas determinado tipo de bens, incide, por via de regra, sobre todas as transações económicas realizadas a título oneroso. Depois, é de matriz comunitária em virtude de termos, ao nível da União Europeia, um sistema comum do IVA, o qual, por constituir um «adquirido comunitário», não pode deixar de ser adotado por todos os Estados Membros.

Em terceiro lugar, o IVA é um imposto plurifásico que opera segundo o método subtrativo indireto[40], pois incide sobre todas as fases do processo produtivo, desde o produtor ao retalhista, e a sua liquidação e cobrança assentam numa técnica em que cada sujeito passivo liquida o correspondente IVA nas vendas e entrega ao Estado a diferença positiva entre esse montante e o IVA que o mesmo suportou nas compras, deduzindo este daquele. Uma técnica que contribui para a verificação da outra característica apontada, a sua pretensão de neutralidade, uma vez que, para além de favorecer a atuação dos sujeitos passivos no sentido de faturarem o IVA nas vendas para poderem deduzir o IVA suportado nas compras, não distorce o consumo e a produção de bens, pois, incidindo o imposto sobre o valor acrescentado em cada uma das fases do circuito produtivo, não se corre o risco de haver imposto sobre imposto como sucede nos impostos cumulativos.

Enfim, o IVA devido nas transações intracomunitárias de bens, cuja disciplina consta do Regime do IVA nas Transações Intracomunitárias (RITI), diversamente do que decorreria da realização do mercado interno com a abolição das fronteiras físicas entre os Estados Membros em 1993 a impor a tributação basea-

---

[40] Também designado por método das faturas, do crédito de imposto ou dos pagamentos fracionados.

da no princípio do país de origem, manteve, nas transações entre sujeitos passivos, a tributação baseada no princípio do país de destino, similarmente ao que acontece com a sua aplicação no comércio internacional não comunitário em geral.

Quanto às regras gerais de localização das operações sujeitas a IVA, a qual é decisiva para determinar o território em que são tributáveis e identificar o Estado com poder para exigir o IVA devido por operações efetuadas entre pessoas ou entidades estabelecidas ou residentes em Estados diferentes, é de referir que, quando se trate de transmissões de bens, nos termos do n.º 1 do art. 6.º do Código do IVA, são tributáveis as transmissões de bens que estejam situados em território nacional no momento em que se inicia o transporte ou expedição para o adquirente ou, no caso de não haver lugar a expedição ou transporte, no momento em que são postos a disposição do adquirente. Uma regra que, segundo o disposto no n.º 3 do art. 6.º do Código do IVA, vale também nas transmissões de bens a abordo de um transporte intracomunitário de passageiros, já que a localização depende do Estado Membro de partida do transporte.

Por seu lado, quando se trate de prestação de serviços, há que distinguir, nos termos do n.º 6 do referido art. 6.º, as realizadas entre sujeitos passivos (*business to business* – B2B) das que tenham lugar entre sujeitos passivos e particulares (*business to consumer* – B2C). Pois, enquanto no primeiro caso, são tributáveis em território nacional as prestações de serviços efetuadas a um sujeito passivo, cuja sede, estabelecimento estável ou, na sua falta, domicílio para o qual os serviços são prestados, se situe naquele território, no caso B2C são tributáveis em território nacional as prestações de serviços efetuadas a partir da sede, estabelecimento estável ou, na sua falta, domicílio do prestador localizados naquele território cujo adquirente seja um consumidor final[41].

---

[41] V., desenvolvidamente, CLOTILDE CELORICO PALMA, *Introdução ao Imposto sobre o Valor Acrescentado*, cit., p. 99 e ss.

2.1.2. O IVA sobre os transportes. Passando mais especificamente ao IVA no sector dos transportes, é de assinalar que não há nenhum regime especial de IVA que tenha por objeto esse sector, pelo menos do tipo dos regimes especiais que o Código do IVA disciplina como o regime de isenção, o regime dos pequenos retalhistas e o regime dos revendedores de combustíveis líquidos, previstos no Código do IVA[42], ou de regimes especiais constantes de legislação avulsa, como os instituídos para o setor da organização de circuitos turísticos por agências de viagens ou outras entidades[43], e para o setor dos bens em segunda mão, objetos de arte, de coleção e antiguidades[44], ou outos[45].

O que não significa, todavia, que o sector dos transportes não tenha importantes especificidades em sede do IVA, relevando a tributação neste imposto de dois modos: de um lado, enquanto atividade traduzida na transmissão de meios de transporte e na prestação de serviços sujeitas a IVA e, de outro lado, na medida em que o transporte desempenha um papel relevante relativamente à localização da generalidade das operações sujeitas a imposto, a qual é decisiva para saber se são ou não tributáveis em Portugal.

---

[42] Constantes, respetivamente, dos arts. 53.º e seguintes, arts. 60.º e seguintes e arts. 69.º e seguintes do Código do IVA.

[43] Cuja disciplina consta do Decreto-Lei n.º 231/85, de 3 de julho, alterado pelo Decreto-Lei n.º 206/96, de 21 de outubro.

[44] Regulado pelo Decreto-Lei n.º 79/98, de 29 de dezembro.

[45] Como o regime especial de exigibilidade do IVA dos serviços de transporte rodoviário nacional de mercadorias, aprovado pela Lei n.º 15/2009, de 1 de abril, o qual instituiu um «regime de caixa» para esses serviços em derrogação do regime geral de exigibilidade do IVA. Refira-se que, como decorre do que vimos de dizer, os regimes especiais têm por base critérios diversos, reportando-se: umas vezes, à existência ou determinação do imposto a pagar (como os regimes especiais constantes do Código do IVA e os referidos no texto); outras vezes, à exigibilidade do imposto («regime de caixa» ou IVA no recibo face ao regime geral do IVA na fatura); outras vezes ainda, ao sujeito passivo ou devedor do imposto («reverse charge» face ao regime de pagamento pelos transmitentes de bens ou prestadores de serviços).

Pois bem, não há quaisquer dúvidas de que a atividade relacionada com os transportes se encontra sujeita ao IVA, constituindo objeto deste imposto tanto as transmissões dos meios de transporte como as prestações de serviços de transporte de pessoas, mercadorias ou misto. Assim e relativamente à tributação dos meios de transporte, como bens que são, encontram-se estes sujeitos à tributação em IVA nos mesmos termos das outras transmissões de bens.

Algumas notas, todavia, se impõem a este respeito. Em primeiro lugar, é de referir que na base de incidência do IVA sobre os veículos está incluído o valor do próprio ISV, uma solução do nosso direito que, como decidiu o TJUE no seu Acórdão de 28 de Julho de 2011, Proc. n.º C-106/10, não contraria o direito comunitário[46].

Depois, é de aludir à transação intracomunitária de meios de transporte novos quando o adquirente não é um sujeito passivo de IVA. Pois bem, esses meios de transporte, cujo sentido decorre das definições de «meios de transporte» e de meios de transporte novos constantes do art. 6.º do RITI, quando o adquirente não é sujeito passivo, a sujeição a IVA ocorre no país de destino não obstante a regra ser, para as transações de particulares, a aplicação do princípio da origem. O que resulta da delimitação positiva da incidência do IVA nas aquisições intracomunitárias de meios de transporte novos que integra tanto as realizadas por sujeitos passivos como as efetuadas por um particular (art. 1.º, n.º 1, alínea b), do RITI).

Em terceiro lugar, é de sublinhar que se encontram isentas de IVA, nos termos do art. 14.º, alínea b), e do art. 1.º, n.º 1, alínea e), do RITI, as transmissões de meios de transportes novos efetuadas por qualquer pessoa, expedidos ou transportados pelo vendedor, pelo adquirente ou por conta destes, a partir do

---

[46] V., sobre este problema, J. Xavier De Basto, «A inclusão do Imposto sobre Veículos no valor tributável do IVA: o fim de uma controvérsia», *Revista de Finanças Públicas e Direito Fiscal*, 9/2011, p. 109 e ss.

território nacional, com destino a um adquirente estabelecido ou domiciliado em outro Estado Membro. Pelo que, enquanto o art. 1.º, n.º 1, alínea *e)*, sujeita a IVA essas transmissões de meios de transportes novos, o art. 14.º, alínea *b)*, vem depois isentar essas mesmas transmissões quando efetuadas por qualquer pessoa, expedidos ou transportados a partir do território nacional pelo vendedor, pelo adquirente ou por conta destes com destino a adquirente estabelecido ou domiciliado em outro Estado Membro[47]. No caso específico da transmissão ser efetuada por um particular, a transmissão intracomunitária isenta abre direito a dedução nos termos dos artigos 19.º e 20.º do RITI, sendo certo que esse direito nasce apenas no momento em que o meio de transporte for colocado à disposição do adquirente, e não pode exceder o montante do imposto que seria devido e exigível se a transmissão não estivesse isenta. O exercício do direito a dedução efetiva-se, neste caso, através de reembolso ao particular nos termos do artigo 21.º n.º 1 ainda do RITI.

Relativamente à tributação em IVA dos transportes é de mencionar ainda uma exclusão marginal de tributação relativa a algumas atividades de transporte, atendendo à qualificação do prestador e à medida do respetivo exercício, uma isenção respeitante às transmissões de meios de transporte para uso de pessoas com deficiência e uma exclusão do direito à dedução do imposto contido em despesas relativas a veículos. Quanto à exclusão da tributação, dispõem as alíneas *c)* e *d)* do n.º 3 do art. 2.º do Código do IVA, que não estão sujeitas a IVA as atividades de transporte de bens e de pessoas desenvolvidas pelo Estado e demais pessoas coletivas públicas, quando exercidas de forma não significativa[48]. Por seu lado, nos termos dos n.ºs 8 e 9 do art. 15.º do

---

[47] V. também GERMÁN ORÓN MORATAL (Dir. e Coord.), *Fiscalidad del Transporte*, p. 343 e s.

[48] V. sobre o sentido dessa expressão, CLOTILDE CELORICO PALMA, *As Entidades Públicas e o Imposto sobre o Valor Acrescentado. Uma Rutptura no Princípio da Neutralidade*, Almedina, Coimbra, 2011, p. 383 e s.

Código do IVA, estão isentas deste Imposto as transmissões respeitantes a triciclos, cadeiras de rodas, com ou sem motor, e aos automóveis ligeiros de passageiros ou mistos para uso próprio de pessoas com deficiência, de acordo com os condicionalismos previstos no Código do ISV, devendo esse benefício ser requerido nos termos estabelecidos neste código. Enfim, segundo a alínea *a)* do n.º 1 do art. 21.º do Código do IVA, exclui-se do direito à dedução o imposto contido nas despesas relativas à aquisição, fabrico ou importação, à locação, à utilização, à transformação e reparação de viaturas de turismo, de barcos de recreio, helicópteros, aviões, motos e motociclos[49], e concomitantemente consignou-se a isenção no caso de transmissão posterior, como determina o n.º 32.º do art. 9.º do Código do IVA.

Porém, como facilmente se compreende, concretizando-se a atividade dos transportes em prestações de serviço de transportes, a sua tributação reporta-se sobretudo a tais prestações de serviço. O que decorre, de resto, da definição negativa ou residual que destas nos dá o próprio Código do IVA no n.º 1 do seu art. 4.º, ao dispor que são consideradas prestações de serviços as operações efetuadas a título oneroso que não constituam transmissões, aquisições intracomunitárias ou importações de bens. Por conseguinte, é sobretudo enquanto prestação de serviços que essa atividade se encontra sujeita à incidência objetiva desse imposto. Tributação que nos impõe algumas considerações em relação à localização dessas prestações de serviço e, bem assim, às isenções de que são objeto e à sua sujeição a taxa ou alíquota reduzida de algumas das prestações. O que, como se compreenderá, não será mais do que uma alusão a tão complexa matéria, onde se cruzam regras com exceções e exceções às exceções que, todavia, não repõem as regras, num intrincado labirinto de regras por vezes de difícil inteligibilidade jurídica.

---

[49] A que é de acrescentar a exclusão do direito à dedução das despesas respeitantes a combustíveis normalmente utilizáveis em viaturas automóveis, constante da alínea *b)* do n.º 1 desse mesmo artigo 21.º.

Ora bem, as prestações de serviços de transporte, como todas as prestações de serviços, são tributáveis, em regra, nos termos do art. 6.º, n.º 6, do Código do IVA, como já referimos, quando efetuadas a um sujeito passivo cuja sede, estabelecimento estável ou, na sua falta, domicílio se situe em território nacional, ou, quando efetuadas a pessoa que não seja sujeito passivo, se o prestador tiver sede, estabelecimento estável ou, na sua falta, domicílio situado em território nacional.

Regra esta que comporta, todavia, importantes exceções, entre as quais são particularmente visíveis as prestações de serviços de transporte, havendo que distinguir, a este respeito, entre as prestações de serviços de transporte de passageiros, e as prestações de serviços de transporte de bens e, dentro destas, entre a relativa ao transporte de bens que não seja intracomunitário e a relativa ao transporte de bens que seja intracomunitário. De referir são também as exceções verificadas no respeitante às prestações acessórias de transporte e na locação de meios de transporte.

Assim, as prestações de serviços de transporte de passageiros quer sejam operações B2B quer operações B2C são tributáveis pela distância percorrida em território nacional, e excluídas no respeitante à distância percorrida fora desse território[50]. Já as prestações de serviços de transporte de bens que sejam operações B2C, são tributáveis pela distância percorrida em território nacional e excluídas no respeitante à distância percorrida fora se não for transporte intracomunitário[51], ou são tributáveis se o lugar de partida ocorrer em território nacional, excluindo-se da tributação se esse lugar ocorrer fora desse território, se se tratar de transporte intracomunitário[52].

Quanto às prestações acessórias de transporte (carga, descarga, manutenção, embalagem, locação de materiais utilizados

---

[50] Art. 6.º, n.º 8, alínea *b)*, e n.º 7, alínea *b)*, do Código do IVA.
[51] Art. 6.º, n.º 10, alínea *a)*, e n.º 9, alínea *a)*, do Código do IVA.
[52] Art. 6.º, n.º 10, alínea *b)*, e n.º 9, alínea *b)*, do Código do IVA.

na proteção de mercadorias durante o transporte, transbordo, conservação e armazenagem das mercadorias e utilização de estações rodoviárias), que se apresentem como operações B2C, são tributáveis as que forem materialmente executadas em território nacional e não tributáveis as que forem materialmente executadas fora desse território[53].

Enfim, no respeitante se à locação de meios de transporte, as exceções à mencionada regra reportam-se, por um lado, a operações B2B e B2C, sendo tributável a locação de curta duração de um meio de transporte[54] quando o lugar de colocação à disposição do destinatário se situe no território nacional e excluída da tributação quando esse lugar se situe fora desse território[55]. Embora, quando a locação de curta duração de um meio de transporte se apresente como operação B2C e a colocação à disposição do destinatário ocorra fora do território da União Europeia, seja tributável em território nacional se a utilização ou exploração do meio de transporte ocorrer em território nacional[56]. Um critério de tributação a que se encontra sujeita a locação de um meio de transporte que, apresentando-se como operação B2C, não seja de curta duração, desde que o locador não tenha no território da União Europeia sede, estabelecimento estável ou, na sua falta domicílio, a partir do qual os serviços sejam prestados, sendo tributável em território nacional se ocorrer neste a utilização ou exploração do meio de transporte[57].

Em matéria de isenções no domínio das prestações de serviço de transporte, são de referir as isenções contempladas no Código do IVA, como a do n.º 5 do art. 9.º, relativa ao trans-

---

[53] Art. 6.º, n.º 10, alínea *c)*, e n.º 9, alínea *c)*, do Código do IVA.
[54] Que, nos termos da alínea j) do n.º 2 do art. 1.º do Código do IVA, não seja superior a 30 dias ou, tratando-se de uma embarcação, não superior a 90 dias,
[55] Art. 6.º, n.º 8, alínea *f)*, e n.º 7, alínea *f)*, do Código do IVA.
[56] Art. 6.º, n.º 12, alínea *b)*, do Código do IVA.
[57] Art. 6.º, n.º 12, alínea *c)*, do Código do IVA.

porte de doentes ou feridos em ambulâncias ou outros veículos apropriados efetuado por organismos devidamente autorizados, e a integrada no n.º 10 do art. 9.º, respeitante aos transportes escolares no entendimento da doutrina fixada pelo Despacho do Secretário de Estado dos Assuntos Fiscais (SEAF) de 23.04.1987, segundo a qual as prestações de serviços de transportes escolares efetuadas pelos estabelecimentos integrados no sistema nacional de educação ou reconhecidos como tendo fins análogos pelo ministério competente são prestações de serviços conexas com o ensino e, consequentemente, operações isentas nos termos do n.º 10 do artigo 9.º do CIVA[58].

Em sede de isenção de prestações de serviço de transporte são de referir também as isenções constantes das alíneas *j)*, *p)*, *q)*, *r)* e *t)* do n.º 1 do art. 14.º, e a isenção da alínea *f)* do n.º 1 do art. 13.º do Código do IVA. Nas primeiras, estamos perante: prestações de serviços relativas a embarcações afetas à navegação em alto mar ou à pesca costeira e aeronaves dedicadas ao tráfego internacional; prestações de serviço, incluindo os transportes e operações acessórias, diretamente relacionadas com o regime de trânsito comunitário externo; prestações de serviço que se relacionem com a expedição ou transporte de bens destinados a outros Estados Membros; o transporte de pessoas provenientes ou com destino ao estrangeiro, provenientes ou com destino às regiões autónomas dos Açores e da Madeira e entre ilhas nas mesmas regiões; o transporte de mercadorias entre as mesmas ilhas e entre as regiões e o continente ou qualquer outro Estado Membro e vice-versa. Por seu lado, na segunda deparamo-nos com uma isenção que visa obstar à dupla tributação, uma vez que isenta as prestações de serviço conexas com a importação, entre as quais se contam as prestações de serviço de transportes, cujo valor esteja incluído no valor tributável das im-

---

[58] Estando, segundo o mesmo despacho, as prestações de serviços de transportes escolares efetuadas por quaisquer outras entidades diferentes das referidas no texto sujeitas à taxa reduzida de IVA.

portações de bens conforme o disposto na alínea *b)* do n.º 2 do art. 17.º do Código do IVA.

Nesta sede é de assinalar que algumas das prestações de serviço de transportes se encontram sujeitas à taxa ou alíquota reduzida de IVA. O que acontece não só com as já referidas prestações de serviços de transportes escolares, sejam ou não estas diretamente faturadas aos alunos, desde que sejam efetuadas por outras entidades que não estabelecimentos integrados no sistema nacional de educação ou reconhecidos como tendo fins análogos pelo ministério competente[59], mas também o transporte de passageiros, incluindo o aluguer de veículos com condutor e compreendendo o transporte e o suplemento pelas bagagens e reserva de lugar, como consta da verba 2.14 da Lista I anexa ao Código do IVA.

Mas o relevo dos transportes no domínio da tributação em IVA não se limita aos aspetos mencionados, isto é, à importância que tem na configuração da incidência do IVA relativa às transmissões de meios de transporte ou às prestações de serviços de transporte. De facto, os transportes estão presentes também no que concerne a algumas definições importantes para a aplicação do IVA, bem como no respeitante à localização em território nacional ou em território comunitário das operações sujeitas a IVA, um conceito fundamental para a sujeição ou não ao imposto.

Assim e quanto às definições, o transporte encontra-se implicado em conceitos como os de «lugar de partida» e «lugar de chegada» dos bens, «lugar de partida de um transporte» e «lugar de chegada de um transporte» de passageiros, «transporte intracomunitário de bens», «transporte intracomunitário de passageiros», «transporte de ida e volta» e «locação de curta duração de um meio de transporte», como os mesmos constam dos n.ºs 2 e 3 do art. 1.º do Código do IVA.

---

[59] V. o já mencionado Despacho do SEAF de 23.04.1987.

Por seu lado, o transporte releva também para efeitos da localização das operações de transmissão de bens sujeitas a IVA, sendo decisivo para essa localização o momento do transporte ou expedição dos bens ou o lugar de chegada da expedição ou do transporte dos mesmos. Pois, como já referimos, de um lado, segundo o disposto no n.º 1 do art. 6.º da Código do IVA, são tributáveis as transmissões de bens que estejam situados no território nacional no momento em que se inica o transporte ou expedição para o adquirente ou, no caso de não haver expedição ou transporte, no momento em que são postos à disposição do adquirente, exceto se, nos termos do n.º 1 do art. 9.º do RITI, se tratar de bens expedidos ou transportados para fora do território nacional com a obrigação de instalação ou montagem no território de outro Estado Membro. De outro lado, segundo o disposto no n.º 1 do art. 8.º do RITI, são tributáveis as transmissões intracomunitárias de bens quando o lugar de chegada da expedição ou transporte com destino ao adquirente se situe no território nacional.

2.2. *A tributação dos transportes através do ISP*

Como dissemos, um imposto sobre o consumo ligado à utilização dos veículos automóveis é o ISP. É certo que este imposto não é um imposto sobre os veículos automóveis, como o ISV e o IUC, uma vez que é um imposto sobre os combustíveis, mas integra indiscutivelmente a tributação que onera significativamente a utilização desses veículos.

A este respeito, é de lembrar que se trata de um imposto que comunga de uma caraterística visível na nossa tributação automóvel, qual seja a da preocupação com a tutela do ambiente[60],

---

[60] O que ganhou visibilidade no próprio nome do imposto, uma vez que com a Lei n.º 107-B/2003, de 31 de dezembro (=LOE/2004) passou a designar-se Imposto sobre os Produtos Petrolíferos e Energéticos. Uma designação

pois é um imposto que onera de uma maneira mais pesada os combustíveis de origem fóssil[61]. O que tem expressão tanto na isenção de ISP relativa aos biocombustíveis, estabelecida no art. 90.º do Código dos Impostos Especiais de Consumo (CIEC), como nas taxas ou alíquotas a fixar nos intervalos estabelecidos anualmente na lei do orçamento do Estado por portaria dos membros do Governo das áreas das finanças e da economia, nos termos do art. 92.º do mesmo Código[62]. Uma margem de liberdade na fixação das taxas ou alíquotas deixada pelo legislador para a sua concretização por regulamento dos membros do Governo das áreas das finanças e da economia que bem se compreende dada a natureza estratégica para o funcionamento da economia da estabilidade dos preços dos combustíveis que é preciso assegurar no bem conhecido quadro de volatilidade dos preços do petróleo.

Refira-se, a este respeito, que os veículos utilizados em alguns transportes se encontram comtemplados com isenções do ISP. É o caso das isenções dos produtos petrolíferos e energéticos utilizados nos transportes públicos e nos transportes de passageiros e mercadorias por via férrea, nos termos, respetivamente, da alínea *e)* e da alínea *i)* do n.º 1 do art. 89.º do CIEC.

---

a que a LOE/2012 deu específico conteúdo ao alargar a incidência do ISP à eletricidade.

[61] Um peso relativamente ao qual é de lembrar que o ISP e o IVA juntos perfazem perto de 50% do preço dos combustíveis mais usados. Acrescente-se que se trata, todavia, de um regime que tem um efeito marginal, uma vez que os biocombustíveis jamais se poderão constituir, mormente a curto ou médio prazo, num consumo alternativo minimamente significativo, o que explica, de resto, a opção do legislador por outros esquemas de incentivação do seu uso entre os quais é de destacar o regime obrigatório de incorporação de uma percentagem de biocombustíveis nos combustíveis fósseis, aprovado pelo Decreto-Lei n.º 117/2010, de 25 de outubro.

[62] V. a redação dada ao art. 92.º do CIEC pela LOE/2012 – Lei n.º 64-B//2011, de 30 de dezembro.

3. Impostos específicos sobre os veículos automóveis

Naturalmente que os impostos sobre os veículos também são impostos sobre o consumo, mais precisamente sobre bens de consumo duradouro. O que tem como consequência serem os mesmos impostos especiais sobre o consumo. Todavia, tendo em conta que tais impostos se reportam especificamente à compra e à propriedade dos próprios veículos automóveis, não integrando assim os impostos especiais de consumo objeto de harmonização comunitária com a sua disciplina no CIEC, compreende-se facilmente que os autonomizemos.

Pois bem, os veículos automóveis são eles próprios objeto de importantes impostos sobre o consumo como são o ISV, que é um imposto de obrigação única, e o IUC que é um imposto periódico e cuja receita é, em larga medida, da titularidade dos municípios. Resultado da reforma da tributação automóvel levada a cabo em 2007[63], que substituiu os anteriores Imposto Automóvel, Imposto Municipal sobre Veículos, Imposto de Circulação e Imposto de Camionagem, aqueles impostos têm em comum, na lógica que presidiu à referida reforma, apresentarem-se como uma tributação automóvel bastante amiga do ambiente[64]. Daí que ambos os impostos tenham em conta na sua base tributável e na sua taxa ou alíquota, de um lado, a cilindrada dos veículos[65] e, de outro lado, as emissões de dióxido de carbono, sendo de salientar que a componente ambiental é, por via de regra, a mais relevante.

Pois bem, nos termos do n.º 1 do art. 2.º do Código do ISV estão sujeitos a este imposto os seguintes veículos: a) automó-

---

[63] Pela lei n.º 22-A/2007, de 29 de Julho.
[64] V. sobre esses impostos A. Brigas Afonso / Manuel F. Fernandes, *Imposto sobre Veículos e Imposto Único de Circulação. Códigos Anotados*, Coimbra Editora, 2009.
[65] Que foi durante muito tempo a base única da incidência do referido Imposto Automóvel, o imposto que foi substituído pelo atual ISV.

veis ligeiros de passageiros, considerando-se como tais os automóveis com peso bruto até 3500 kg e com lotação não superior a nove lugares, incluindo o do condutor, que se destinem ao transporte de pessoas; b) automóveis ligeiros de utilização mista, considerando-se como tais os automóveis com peso bruto até 3500 kg e com lotação não superior a nove lugares, incluindo o do condutor, que se destinem ao transporte, alternado ou simultâneo, de pessoas e carga; c) automóveis ligeiros de mercadorias, considerando-se como tais os automóveis com peso bruto até 3500 kg e com lotação não superior a nove lugares, que se destinem ao transporte de carga, de caixa aberta, fechada ou sem caixa; d) automóveis de passageiros com mais de 3500 kg e com lotação não superior a nove lugares, incluindo o do condutor; e) autocaravanas, considerando-se como tais os automóveis construídos de modo a incluir um espaço residencial que contenha, pelo menos, bancos e mesa, espaço para dormir, que possa ser convertido a partir dos bancos, equipamento de cozinha e instalações para acondicionamento de víveres; f) motociclos, triciclos e quadriciclos, tal como estes veículos são definidos pelo Código da Estrada.

Relativamente à sua incidência subjetiva, são sujeitos passivos do imposto os operadores registados, os operadores reconhecidos e os particulares, tal como definidos pelo Código do ISV, que procedam à introdução no consumo dos veículos tributáveis, considerando-se como tais as pessoas em nome de quem seja emitida a declaração aduaneira de veículos ou a declaração complementar de veículos.

Por seu turno, segundo n.º 1 do art.2.º do Código do IUC, este imposto incide sobre os veículos das categorias seguintes, matriculados ou registados em Portugal: a) categoria A: automóveis ligeiros de passageiros e automóveis ligeiros de utilização mista com peso bruto não superior a 2500 kg matriculados desde 1981 até à data da entrada em vigor do presente código; b) categoria B: automóveis de passageiros referidos nas alíneas a) e

d) do n.º 1 do artigo 2.º do Código do Imposto sobre Veículos e automóveis ligeiros de utilização mista com peso bruto não superior a 2500 kg, matriculados em data posterior à da entrada em vigor do presente código; c) categoria C: automóveis de mercadorias e automóveis de utilização mista com peso bruto superior a 2500 kg, afetos ao transporte particular de mercadorias, ao transporte por conta própria, ou ao aluguer sem condutor que possua essas finalidades; d) categoria D: automóveis de mercadorias e automóveis de utilização mista com peso bruto superior a 2500 kg, afetos ao transporte público de mercadorias, ao transporte por conta de outrem, ou ao aluguer sem condutor que possua essas finalidades; e) categoria E: motociclos, ciclomotores, triciclos e quadriciclos, tal como estes veículos são definidos pelo Código da Estrada, matriculados desde 1992; f) categoria F: embarcações de recreio de uso particular com potência motriz igual ou superior a 20 kW, registados desde 1986; g) categoria G: aeronaves de uso particular.

Relativamente à sua incidência subjetiva, são sujeitos passivos do imposto os proprietários dos veículos, considerando-se como tais as pessoas singulares ou coletivas, de direito público ou privado, em nome das quais os mesmos se encontrem registados.

Em sede de benefícios fiscais mais visíveis nestes impostos, são de destacar, entre outros, os correspondentes aos veículos exclusivamente elétricos ou movidos a energias renováveis não combustíveis, que se encontram excluídos da incidência de ISV (art. 2.º, n.º 2, alínea *a)*, do Código do ISV) e isentos do IUC (art. 5.º, n.º 1, alínea *d)*, do Código do IUC', bem como aos táxis, os quais, por constituírem um equipamento indispensável ao exercício da correspondente atividade de transporte público, são objeto de isenção em IUC (art. 5.º, n.º 1, alínea *e)*, do Código do IUC) e em ISV (art. 53.º do Código do ISV), muito embora a isenção em ISV, a partir da LOE/2012, não se aplique a todos os táxis e, em relação aos que se aplica, possa ser total ou parcial, nos termos do referido art, 53.º[66].

II. Notícia relativa a taxas e outros tributos sobre os transportes

Mas os transportes não são apenas objeto de impostos, encontrando-se também sujeitos a múltiplos outros tributos, ou seja, taxas e demais contribuições financeiras a favor das entidades públicas[67], os quais são frequentemente designados por taxas, embora nem sempre se enquadrem nesses tributos bilaterais, como julgamos ser o caso das taxas de regulação[68]. Com efeito, os transportes apresentam-se sujeitos a taxas, encontrando-se este sector de atividade particularmente exposto a essa figura tributária, na qual, de resto, se apresentam nas três modalidades de taxas conhecidas da doutrina e das leis[69] em função da contra-

---

[66] Desde que, nos termos da redação dada a este artigo pela LOE/2012, não tenham níveis de emissão de CO_2 superiores a 175 g/km, confirmados pelo respetivo certificado de conformidade.

[67] Na terminologia da divisão tripartida dos tributos conhecida do nosso ordenamento desde a Revisão Constitucional de 1997, a qual passou a estar referida na alínea *i)* do n.º 1 do art. 165.º da Constituição. V. sobre essa divisão tripartida dos tributos o nosso *Direito Fiscal*, cit., p. 20 e ss. Uma divisão que, não sendo conhecida de outros ordenamentos, como o ordenamento brasileiro (que tem uma tipologia de tributos bem mais diversificada), enfrenta atualmente dificuldades, já que a complexidade da vida e a crescente escassez de receitas públicas tem puxado pela imaginação dos Estados que vêm engendrando figuras tributárias cada vez de mais difícil recorte. V., a este respeito, a obra de Suzana Tavares da Silva, *As Taxas e a Coerência do Sistema Tributário*, 2ª ed., Coimbra Editora, Coimbra, 2012.

[68] Sobre a regulação dos transportes, v. Suzana Tavares da Silva, «Notas sobre a regulação dos transportes: um apontamento crítico ao Plano Estratégico de Transportes», nestas *Atas*, p. 9 e ss..

[69] V. o art. 4.º da Lei Geral Tributária, o art. 25.º da Lei das Finanças Regionais Autónomas e o art. 3.º do Regime Geral das Taxas das Autarquias

prestação específica em que assentam. Pelo que temos aí: 1) taxas devidas pela prestação de um serviço público, que são a grande maioria das taxas; 2) taxas pela utilização de bens do domínio público, como as portagens e as devidas pela acostagem e uso dos portos pelos navios, pela aterragem de aeronaves e utilização de outras infraestruturas nos aeroportos[70], e 3) as taxas devidas pela remoção de um obstáculo jurídico à atividade dos particulares como as pagas pela obtenção de licenças relativas ao acesso e exercício da atividade de transporte[71].

Naturalmente que, tendo em conta o enorme número de taxas que se reportam à atividade de transporte ou que visam os meios de transporte, compreende-se que não tenhamos qualquer veleidade em nos referir, mesmo que sumariamente, a todas ou mesmo à maioria delas. Por isso, limitamo-nos aqui a aludir aos serviços ou institutos da administração estadual que, considerando os correspondentes regulamentos, mais taxas podem liquidar e cobrar.

Assim, tendo presente os diversos tipos de transporte, em sede dos transportes terrestres, são de referir: 1) as taxas nos

Locais.

[70] Refira-se que relativamente aos portos e aeroportos há uma grande variedade de taxas, em que, para além de verdadeiros preços, temos também taxas por serviços e até taxas por licenças. Assim no respeitante aos portos, o setor certamente mais complexo no domínio dos transportes, segundo o levantamento feito por SUZANA TAVARES DA SILVA e LICÍNIO LOPES, *Estudo de Metodologia de Apreciação dos Tarifários das Administrações Portuárias*, cit., encontramos como tipos de taxas: a taxa de uso do porto, a taxa de pilotagem, a taxa de reboque, a taxa de amarração e de desamarração, a taxa de armazenagem, a taxa de movimentação de cargas e de tráfego de passageiros, a taxa de uso de equipamentos e a taxa de fornecimentos.

[71] Lembramos que estas últimas são correntemente designadas por *licenças*, muito embora este termo designe, em rigor, não as taxas, mas sim a autorização constitutiva, ou seja, o ato administrativo que efetiva a remoção desse obstáculo. Sublinhe-se que também esses três tipos de pressuposto de facto das taxas enfrentam hoje problemas do mesmo tipo dos apontados à divisão tripartida dos tributos.

transportes terrestres (rodoviários e ferroviários), cuja disciplina consta do regulamento de taxas do Instituto de Mobilidade e Transportes Terrestres[72], as taxas de acesso à atividade de transporte ferroviário e as taxas de utilização da infraestrutura[73]. Por seu lado, nos transportes marítimos podem ser cobradas as taxas constantes do regulamento de taxas do Instituto Marítimo-Portuário[74], tendo este sido substituído pelo Instituto Portuário e dos Transportes Marítimos, IP, em 2002[75]. Enfim, nos transportes aéreos, temos as taxas constantes do regulamento de taxas do Instituto Nacional de Aviação Civil[76]. De mencionar é também a taxa de regulação das infraestruturas rodoviárias (TRIR), a qual foi criada pelo Decreto-Lei n.º 43/2008, de 10 de março, para financiar a entidade reguladora, o Instituto das Infraestruturas Rodoviárias, IP, incidindo sobre as concessionárias das autoestradas em função do correspondente tráfego médio[77].

De referir nesta sede é quer a contribuição de serviço rodoviário, criada pela Lei n.º 55/2007, de 31 de agosto, destinada à Estradas de Portugal, EPE, que incide a uma taxa ou alíquota específica de € 64/1000 l de gasolina ou € 68/1000 l de gasóleo, quer os tributos parafiscais cobrados pelas seguradoras aos segurados incidentes sobre os prémios de seguros do ramo automóvel cuja receita se destina ao Instituto Nacional de Emer-

---

[72] Constante da Lei n.º 147/2007, de 27 de maio, Decreto-Lei n.º 236//2008, de 12 de dezembro, e Portaria n.º 1165/2010, de 9 de novembro.

[73] V. os arts. 19.º e 66.º-J do Decreto-Lei n.º 270/2003, de 28 de setembro, na redação do Decreto-Lei n.º 231/2007, de 14 de junho.

[74] V. o Decreto-Lei n.º 98/2001, de 28 de março.

[75] Criado pelo Decreto-Lei n.º 257/2002, de 22 de novembro. Quanto às taxas portuárias v. a obra já citada de SUZANA TAVARES DA SILVA e LICÍNIO LOPES, *Estudo de Metodologia de Apreciação dos Tarifários das Administrações Portuárias*.

[76] V. o Decreto-Lei n.º 159/2004, de 30 de junho.

[77] Como facilmente se pode ver, a referida taxa não é uma verdadeira taxa de regulação, pois não tem por finalidade (extrafiscal) regular as infraestruturas rodoviárias, mas antes obter receitas para financiar o Instituto das Infraestruturas Rodoviárias IP.

gência Médica, ao Fundo de Garantia Automóvel e à Autoridade Nacional de Proteção Civil. O que revela estarmos perante tributos que, atenta a sua *estrutura* unilateral, se configuram como efetivos impostos, muito embora dada a *titularidade ativa* das correspondentes relações tributárias (e o destino da sua receita), tenham clara natureza parafiscal[78].

De mencionar, a respeito dos demais tributos relativos aos transportes, são as taxas ou tributos que incorporam frequentemente uma função extrafiscal, pois, para além da obtenção de receitas, visam moldar os comportamentos dos seus destinatários, designadamente na perspetiva da proteção ambiental. O que não surpreende, pois se a atividade e os meios de transporte são especialmente propícios, como vimos, a ser utilizados na realização de objetivos ambientais pela via dos impostos, provavelmente sê-lo-ão mais em sede das taxas, uma vez que, dada a natureza de tributos bilaterais destas, possibilita a concretização do princípio modelador do próprio direito ambiental – o *princípio do poluidor pagador*[79]. Por isso, na medida em que seja possível identificar o destinatário dos comportamentos danosos para o ambiente e determinar minimamente a medida do correspondente dano, as taxas apresentam-se como uma importante e eficaz via de realização da tutela ambiental. Condições que, diversamente do que ocorre em muitos outros sectores de atividade, não parecem particularmente difíceis de verificação no respeitante aos veículos automóveis.

O que explica que o sector automóvel seja justamente um dos alvos mais visados pela política ambiental. O que tem ex-

---

[78] Para a distinção dos tipos de tributos com base no critério da estrutura e no critério da titularidade ativa das relações tributárias, v. JOSÉ CASALTA NABAIS / SUZANA TAVARES DA SILVA, «O Estado pós-moderno e a figura dos tributos», *Revista de Legislação e de Jurisprudência*, ano 140, 2010/11, p. 92 e s.

[79] V. o nosso estudo os tributos com fins ambientais», agora em *Por um Estado Fiscal Suportável – Estudos de Direito Fiscal*, vol. III, Almedina, Coimbra, 2010, p. 173 e ss.

pressão, por exemplo, no estabelecimento de taxas de estacionamento urbano com montante penalizador para o estacionamento em zonas mais próximas do centro ou em zonas ambientalmente mais vulneráveis das cidades, como se verificou com a revisão levada a cabo em 2011 das taxas de estacionamento na cidade de Lisboa. Todavia, o exemplo mais paradigmático de taxas ambientais são as *portagens urbanas* erguidas à entrada de automóveis em diversas cidades europeias, entre as quais se destaca, desde logo por ter sido a primeira a ser criada, a *London congestion charge*[80]. De facto, em tributos como esses, é particularmente visível a preocupação ambiental de descongestionamento automóvel das grandes cidades, aparecendo neles a obtenção de receitas municipais como um objetivo de algum modo secundário[81].

III. Considerações finais

É, porém, tempo de encerrarmos esta nossa exposição, dando conta, a título de considerações finais, em termos natural-

---

[80] V. sobre esta portagem MARTA REBELO, «As taxas orientadoras de comportamentos: a ampliação do art. 19.º da lei das Finanças Locais e o caso do *Central London Cogestion Carging Scheme*», *Revista Jurídica do Urbanismo e Ambiente*, 21/22, Junho Dezembro de 2004, p. 113 e ss.

[81] Um fenómeno que, é de acrescentar, se vem estendendo inclusive às taxas devidas pela utilização de bens do domínio público, tradicionalmente avessas ao seu uso com finalidades extrafiscais, pois, nos termos da recente Portaria n.º 41/2012, de 10 de fevereiro, que desenvolve legislação (Decreto-Lei n.º 67-A/2010, de 14 de junho, e Decreto-Lei n.º 111/2011, de 28 de novembro) suportada, de resto, no próprio direito da União Europeia (Diretiva 1999/62/CE, de 17 de julho, alterada pela Diretiva 2006/38/CE, de 17 de maio), o valor das portagens encontra-se modulado também em função das emissões poluentes dos veículos que circulam nas autoestradas. Cf. SUZANA TAVARES DA SILVA, *As Taxas e a Coerência do Sistema Tributário*, cit., p. e ss.

mente muito sintéticos, de algumas ideias base que se encontram esparsas nos desenvolvimentos a que procedemos anteriormente.

Pois bem, uma primeira nota a este respeito é a de que os transportes, seja enquanto setor de atividade económica, seja como prestação de serviços em que essa atividade se materializa, seja como meios de transporte, constituem um objeto particularmente exposto à tributação, isto é, aos impostos, às taxas e demais contribuições financeiras a favor das entidades públicas. Em especial a propriedade e a utilização de veículos automóveis constituem uma verdadeira galinha de ovos de ouro dos diversos fiscos que as múltiplas formas de descentralização e de desconcentração do Estado ou seus desdobramentos políticos e administrativos vêm engendrando[82]. De facto, os automóveis, os combustíveis, as autoestradas e os parques de estacionamento constituem objetos demasiado rentáveis para que qualquer fisco se possa dispensar de os ter como alvo preferencial da tributação.

Uma exposição à tributação que tem como resultado apresentar-se a carga fiscal sobre os veículos automóveis relativamente elevada, o que tem como contrapartida serem muito significativas as receitas proporcionadas aos titulares ativos da correspondente tributação. O que podemos ilustrar, tendo em conta apenas os impostos, com o facto de o ISV e o IVA, de um lado, e o ISP, de outro, terem um peso que em regra ultrapassa, e por vezes em muito, mais de 50% tanto o preço de aquisição dos veículos como o preço dos combustíveis.

Uma situação que, devemos confessar, não é para nós particularmente chocante, desde que se tenha em devida conta a separação que é preciso fazer entre a tributação que se reporta a veículos cuja aquisição e utilização respeita à atividade empresarial,

---

[82] Sobre as formas de descentralização e desconcentração do Estado e seus desdobramentos políticos e administrativos, v. o nosso estudo «A autonomia local. (Alguns aspectos gerais)», agora em *Estudos sobre Autonomias Territoriais, Institucionais e Cívicas*, Almedina, Coimbra, 2010, p. 23 e ss.

constituindo os veículos basicamente equipamento indispensável ao exercício da mesma, e a tributação relativa a veículos cuja aquisição e utilização releva da esfera pessoal, apresentando-se os veículos principalmente como meros bens de consumo duradouro. O que nos permite perguntar se não poderá passar justamente pela tributação destes bens a concretização da imposição constitucional de oneração dos consumos de luxo constante do n.º 4 do art. 104.º da Constituição. Tanto mais que, por imperativos do direito comunitário, mais especificamente do sistema comum do IVA, essa oneração não pode mais ser feita em sede deste imposto, como aconteceu nos primeiros nove anos da vigência do IVA em Portugal, em que vigorou uma taxa ou alíquota agravada de 30% para uma lista de produtos de luxo[83].

Depois, como dissemos, a tributação de que vimos falando apresenta-se muito aberta à extrafiscalidade, mais especificamente à sua utilização ou consideração ambiental, podendo constituir assim um importante instrumento de proteção do meio ambiente. O que, a seu modo, não admira, pois tanto os veículos automóveis como os combustíveis fósseis que utilizam como energia constituem fontes muito visíveis da poluição atmosférica.

Por isso, compreende-se que a fiscalidade que os tenha por objeto possa ser aproveitada para influenciar a sua aquisição e utilização, penalizando os veículos mais poluentes e incentivando os que se apresentem mais amigos do ambiente. Daí que os veículos exclusivamente elétricos ou movidos a energias renováveis não combustíveis estejam, como já referimos, excluídos da incidência do ISV, isentos do IUC e da tributação autónoma em IRC e IRS[84]. A que acresce o tratamento favorável, a que aludimos, relativo ao limite de gastos a considerar fiscalmente em

---

[83] Ou seja, entre 1986 e 1994. Quanto ao que dizemos no texto, v. o nosso livro *O Dever Fundamental de Pagar Impostos. Contributo para a compreensão do estado fiscal contemporâneo*, cit., p. 598 e s.

[84] V. o art. 88.º, n.º 3, do Código do IRC, e o art. 73.º, n.º 2, do Código do IRS.

sede das correspondentes depreciações nos termos da Portaria n.º 467/2010[85].

Enfim, os veículos automóveis naquela exposição à tributação também têm servido de amplo campo de ensaio à aplicação das mais variadas taxas e de outros tributos cuja qualificação, por vezes, está longe de ser um problema de fácil solução. Por isso, àquela carga fiscal consubstanciada nos diversos e onerosos impostos que referimos, há que acrescentar uma outra parcela correspondente a múltiplas taxas e outros tributos cujo montante por certo será difícil, muito difícil mesmo, de calcular ou de apurar. Uma situação que assim possibilita a ocultação de parte significativa da carga tributária global que efetivamente onera os transportes entre nós.

O que, para além da manifesta falta de transparência que consubstancia, uma tal situação mais não é do que a expressão eloquente da realidade em que se transformou o nosso atual sistema de tributação, o qual, apesar de suportar um Estado fiscal em duplicado, a que aludimos no início deste estudo, está cada vez mais longe de dispor da capacidade adequada para oferecer os serviços públicos e assegurar as políticas públicas, em quantidade e qualidade, de um efetivo Estado fiscal em singelo.

---

[85] Um sistema de benefícios que era completado por importantes incentivos financeiros à aquisição de veículos exclusivamente elétricos e ao abate de veículos em fim de vida, os quais constavam do Capítulo V do Decreto-Lei n.º 39/2010, de 26 de abril, (Regime Jurídico da Mobilidade Elétrica), capítulo esse que foi revogado pelo art. 139.º da LOE/2012.

«AS REGRAS DE ROTERDÃO»

ALEXANDRE DE SOVERAL MARTINS
*Professor Auxiliar da Faculdade de Direito
da Universidade de Coimbra*

Exmas. Senhoras e Exmos. Senhores,

Venho falar-lhes da Convenção das Nações Unidas Sobre o Contrato Para o Transporte Internacional de Mercadorias Total ou Parcialmente Por Mar. É uma Convenção que contém passos muito interessantes no sentido da modernização do direito do transporte marítimo de mercadorias. E por isso a trago aqui[1].

Em primeiro lugar, porque trata do contrato de transporte internacional de mercadorias e não apenas do conhecimento de carga.

Depois, porque não se preocupa somente com o transporte exclusivamente marítimo, mas também com aquele que envolve ainda outros meios.

Em terceiro lugar, pela atenção que dedica ao transporte com contentores[2], ao transporte porta-a-porta e ao uso de documentos eletrónicos.

A Convenção de Roterdão tem uma história relativamente longa. Já em 1996 a UNCITRAL debatia a necessidade de encontrar uma alternativa para o insucesso das Regras de Hamburgo, de 1978. Em 2001, foi decidido pela UNCITRAL criar um grupo

---

[1] Para uma abordagem desenvolvida da Convenção, cfr. MANUEL JANUÁRIO DA COSTA GOMES, «Introdução às Regras de Roterdão – A Convenção "Marítima-Plus" sobre transporte internacional de mercadorias», *Temas de Direito dos Transportes I*, Almedina, Coimbra, 2010, p. 7 e ss.

[2] Sobre a origem da *container revolution*, situando-a em 1956 no transporte entre Nova Iorque e Porto Rico, MARIAN HOEKS, *Multimodal Transport Law*, Wolters Kluwer, Austin-Boston-Chicago-New York-The Netherlands, 2010, p. 2, nota 5.

de trabalho que apresentasse um projeto de Convenção dentro de certos limites, tendo sido tomado por base um texto do Comité Marítimo Internacional.

A Convenção foi finalmente adotada pela Resolução da Assembleia Geral das Nações Unidas em 11 de dezembro de 2008 e a cerimónia de assinatura teve lugar em 23 de setembro de 2009, em Roterdão.

1. A Convenção de Bruxelas de 1924 para a unificação de certas regras em matéria de conhecimento

A Convenção de Roterdão contém diferenças muito significativas relativamente ao regime a que Portugal está vinculado e que resulta da Convenção de Bruxelas de 1924[3].

---

[3] Conhecida também como Regras de Haia pelas semelhanças com as Regras de 1921, elaboradas na sequência de encontro da *International Law Association* que teve lugar na referida cidade: cfr. EMPARANZA SOBEJANO/MARTÍN OSANTE, «El transporte marítimo (II). Contrato de transporte marítimo de mercancías en régimen de conocimiento de embarque», *Manual de derecho del transporte*, dir. Fernando Martínez Sanz, Marcial Pons, 2010, p. 116. Portugal aderiu às Regras de Haia em 1931. O Decreto n.º 19.857, de 18 de maio de 1931, autorizou a adesão e essa foi dada pela Carta de Adesão subscrita em 5 de dezembro de 1931 e depositada em 24 de dezembro de 1931. A Carta de Adesão e o texto da Convenção foram publicadas no DG, I. Série, 128, de 2 de junho de 1932. Houve ainda uma Retificação do texto da Convenção que foi publicada no DG, Iª série, de 11 de julho de 1932. Em 1950, com o DL 37.748, de 1 de fevereiro de 1950, foram integrados no direito interno os arts. 1.º a 8.º para o transporte marítimo de mercadorias titulados por conhecimentos emitidos em território português. Quanto a essa caminhada, MÁRIO RAPOSO, «Sobre o contrato de transporte de mercadorias por mar», BMJ, 376.º, p. 6 e ss. A Convenção de Bruxelas foi posteriormente alterada por dois Protocolos: o Protocolo de 1968, que deu origem às Regras de Haia--Visby, e que não vincula Portugal, e o Protocolo de 1979 ou Protocolo SDR (*Special Drawing Rights*), que também não vincula Portugal. Não vamos falar aqui da Convenção de Bruxelas sobre o limite de responsabilidade dos proprietários de navios de alto mar, de 1957. No entanto, esta última coloca

As regras de Haia não estão pensadas para o transporte multimodal. Além disso, exigem emissão de conhecimento de carga. Acresce que só cobrem o período entre a carga e a descarga (e o transportador já pode ter antes as mercadorias a seu cargo, como as pode ter depois da descarga).

Em bom rigor, talvez se possa dizer que as Regras de Haia não ignoram totalmente o transporte multimodal. Veja-se que no seu art. 1, *b)*, é feita referência ao conhecimento ou documento similar «servindo de título ao transporte de mercadorias por mar»: ou seja, não surge dito que o documento em causa tem que servir *exclusivamente* de título ao transporte de mercadorias por mar[4].

Muitas são as diferenças entre os dois regimes. A elas voltaremos à medida que formos explorando as soluções da Convenção de Roterdão.

2. As Regras de Hamburgo de 1978 e a Convenção das Nações Unidas sobre o Transporte Multimodal Internacional, Genebra, 1980

Em 1978, surgiu a Convenção de Hamburgo. Esta foi assinada por Portugal nesse mesmo ano mas não foi ratificada. A Convenção de Hamburgo nasceu porque se sentiam fortes pressões de países em desenvolvimento no sentido de se ultrapassar o estado de coisas criado pelas Regras de Haia e Haia Visby, por

---

relevantes problemas quanto à sua articulação com a Convenção de Bruxelas de 1924. Designadamente, quanto à questão de saber se o transportador pode invocar as duas ou só a de 1924. Sobre o tema, MÁRIO RAPOSO, «Sobre o contrato de transporte de mercadorias por mar», cit., p. 26 e ss., e o Ac. STJ de 19/2/1987, BMJ, 364, p. 879 e ss.. Também de fora da nossa análise fica a Convenção de Londres de 1976 sobre limitação de responsabilidade por créditos marítimos, que Portugal não ratificou.

[4] MARIAN HOEKS, *Multimodal Transport Law*, cit., p. 350, parece dizer isso mesmo.

entenderem que estas favorecem demasiado o transportador. Era já evidente um clima de desconfiança quanto a textos elaborados por quem dominava os mares e que eram muitas vezes os colonizadores. Havia descontentamento relativamente ao regime da falha náutica, bem como no que dizia respeito às cláusulas de jurisdição nos conhecimentos de carga.

Pretendia-se, por isso, que a posição do carregador fosse mais protegida. Além disso, no centro das preocupações passava a estar o contrato de transporte e não o conhecimento. O contrato de transporte de mercadorias em causa tem que ser internacional, mas não é necessária a emissão de conhecimento de carga. Contudo, a Convenção de Hamburgo não se aplica a contratos com carta-partida. A Convenção de Hamburgo mostrava já alguma abertura ao transporte porta a porta. Além disso, o arco temporal (art. 4.º, 1) quanto à responsabilidade do transportador pelas mercadorias a seu cargo surge definido de outro modo. A convenção aplica-se ao contrato de transporte por mar, não apenas à mercadoria depois de carregada e antes de descarregada: aplica-se ao período durante o qual o transportador está «in charge of the goods», embora possa haver aqui uma redução do período se o transportador não pode escolher quem maneje a carga: art. 4º, a), 2, e b) 3.

Aspeto que merece também destaque é o que diz respeito à falha náutica, que nas Regras de Hamburgo deixa de afastar a responsabilidade. Em regra, a perda e os danos causados à mercadoria são da responsabilidade do transportador enquanto aquela está a seu cargo. A diligência quanto ao navio e condições de navegabilidade têm de ser provadas quanto ao momento inicial e a toda a expedição[5].

---

[5] MANUEL JANUÁRIO DA COSTA GOMES, «Introdução às Regras de Roterdão – A Convenção "Marítima-Plus" sobre transporte internacional de mercadorias», cit., p. 58.

As Regras de Hamburgo conhecem limites de responsabilidade mais elevados do que os resultantes das Regras de Haia e Haia-Visby. A unidade de conta é o direito de saque especial definido pelo FMI e em alternativa ao volume (*package*) ou unidade (*shipping unit*) surge também tido em conta o peso bruto das mercadorias perdidas ou danificadas, consoante o que for maior[6].

Além disso, as Regras de Hamburgo regulam a responsabilidade por demora na entrega[7] e abrangem, em certos termos, os animais vivos[8] e a carga no convés[9].

Vários aspetos contribuíram para a reduzida adesão às Regras de Hamburgo. Na verdade, embora reconheça o transporte multimodal, apenas se aplica ao transporte por mar (art. 1, 6). Além disso, e sobretudo, os países transportadores não acharam graça ao aumento dos limites de responsabilidade, que implicariam também mais gastos com seguros. Sobretudo por isso a Convenção de Hamburgo não foi nem é muito popular. Dos 20 primeiros Estados a ratificar a Convenção, mais de metade eram africanos e vários não tinham acesso ao mar, o que ilustra a fraca adesão.

Por sua vez, a Convenção das Nações Unidas sobre o Transporte Multimodal Internacional, de 1980, ficou pelo caminho. Talvez porque necessitava de trinta ratificações para entrar em vigor. Os países industrializados consideraram-na muito penosa para os transportadores porque os limites de responsabilidade foram considerados muito altos para a época[10].

---

[6] Art. 6º, 1, a): «The liability of the carrier for loss resulting from loss of or damage to goods according to the provisions of article 5 is limited to an amount equivalent to 835 units of account per package or other shipping unit or 2.5 units of account per kilogram of gross weight of the goods lost or damaged, whichever is the higher».

[7] Art. 5º, 1.

[8] Art. 1º, 5.

[9] Art. 9º.

[10] MARIAN HOEKS, *Multimodal Transport Law*, cit., p. 21-22. A nível regional, existem já algumas iniciativas. Destacamos, a título de exemplo, a

3. Convenção de Roterdão

3.1. *Notas gerais*

A Convenção de Roterdão pressupõe uma fase marítima. Daí que, embora seja multimodal, não se aplique a qualquer modo de transporte. Mas tem em vista o transporte porta a porta (*door to door*) e dá considerável atenção ao transporte com contentores.

O transporte multimodal tem consideráveis vantagens quando associado ao transporte em contentores. A utilização dos contentores torna a passagem da mercadoria de um meio de transporte para outro muito mais fácil. O carregador tem menos preocupações, pois normalmente não tem de tratar de nada quanto a essa passagem: não tem, designadamente, de tratar de uma forma de armazenar a mercadoria enquanto espera que esta seja carregada no navio.

Como veremos mais desenvolvidamente, a Convenção de Roterdão contém uma «dupla exigência de internacionalidade»[11]. São também dignos de nota nestas palavras iniciais o regime das relações com outras convenções, bastante detalhado, a importância reconhecida aos documentos eletrónicos de transporte e a definição do chamado arco temporal de responsabilidade.

Decisão da Comunidade Andina sobre o transporte internacional multimodal, e o Acordo de Alcance Parcial para a Facilitação do Transporte Multimodal de Mercadorias no âmbito do Mercosul.

[11] Referindo-se a uma «dupla exigência de internacionalidade», MANUEL JANUÁRIO DA COSTA GOMES, «Introdução às Regras de Roterdão – A Convenção "Marítima-Plus" sobre transporte internacional de mercadorias», cit., p. 18.

3.2. *Sistematização*

A Convenção de Roterdão divide-se por vários capítulos. São eles os seguintes.
Capítulo 1 – Disposições gerais
Capítulo 2 – Âmbito de aplicação
Capítulo 3 – Documentos eletrónicos de transporte
Capítulo 4 – Obrigações do transportador
Capítulo 5 – Responsabilidade do transportador por perda, dano ou atraso
Capítulo 6 – Disposições adicionais relativas a certas etapas do transporte
Capítulo 7 – Obrigações do carregador para com o transportador
Capítulo 8 – Documentos de transporte e documentos eletrónicos de transporte
Capítulo 9 – Entrega das mercadorias
Capítulo 10 – Direitos da parte controladora
Capítulo 11 – Transmissão dos direitos
Capítulo 12 – Limites da responsabilidade
Capítulo 13 – Prazo para intentar acções
Capítulo 14 – Jurisdição
Capítulo 15 – Arbitragem
Capítulo 16 – Validade de cláusulas contratuais
Capítulo 17 – Matérias não reguladas pela presente Convenção
Capítulo 18 – Disposições finais

Para além desta divisão em Capítulos, é a extensão da Convenção que sobretudo surpreende: a Convenção de Roterdão estende-se por 96 artigos, o que deve ser realçado tendo em conta que as Regras de Haia são apenas 16[12].

---
[12] MANUEL JANUÁRIO DA COSTA GOMES, «Introdução às Regras de Roterdão – A Convenção "Marítima-Plus" sobre transporte internacional de mercadorias», cit., p. 11, salienta isso mesmo.

3.3. *O contrato de transporte em causa*

Referimos que a Convenção de Roterdão trata do contrato de transporte internacional de mercadorias e não apenas do conhecimento de carga.

O contrato de transporte é definido na Convenção de Roterdão como «um contrato pelo qual um transportador, mediante pagamento de frete, assume a obrigação de transportar mercadorias de um local para outro. O contrato deve prever o transporte por mar e pode prever adicionalmente o transporte por outros meios»[13].

Não é por isso uma Convenção totalmente «multimodal» na medida em que tem de haver sempre uma fase marítima. Mas há estatísticas que provam que a Convenção de Roterdão cobriria 80% do transporte multimodal.

O transporte por mar deve estar previsto no contrato. Não basta, por isso, que as mercadorias sejam de facto transportadas total ou parcialmente por mar. E este pode ser um aspeto que dê lugar a resistências tendo em conta que nem sempre as partes conseguem prever a necessidade daquele transporte por mar.

Nas Regras de Haia, o contrato de transporte é «somente o contrato de transporte provado por um conhecimento ou por qualquer documento similar servindo de título ao transporte de mercadorias por mar; e aplica-se igualmente ao conhecimento ou documento similar emitido em virtude duma carta partida, desde o momento em que este título regula as relações do armador e do portador do conhecimento»[14].

---

[13] Art. 1.º, 1:«"Contract of carriage" means a contract in which a carrier, against the payment of freight, undertakes to carry goods from one place to another. The contract shall provide for carriage by sea and may provide for carriage by other modes of transport in addition to the sea carriage».

[14] Art. 1.º, *b)*. Na Convenção de Bruxelas de 1924 o armador é o transportador: cfr. a versão em francês e NUNO BASTOS, *Direito dos transportes*, IDET/Almedina, Coimbra, 2004, p. 162, nt. 180.

3.4. *Âmbito de aplicação*

O que nos dizem as Regras de Haia sobre o respetivo âmbito de aplicação? Segundo o art. 10.º, as disposições da Convenção aplicam-se ao conhecimento criado num dos Estados contratantes. Era aliás duvidoso, na redação de 1924, que fosse exigido um transporte internacional[15]. É certo que o Protocolo de Visby esclareceu que o transporte deve ter lugar entre portos de dois Estados diferentes, mas Portugal não está vinculado pelo mesmo[16].

A Convenção de Roterdão preocupa-se com o transporte internacional, mas exige certa conexão com um Estado contratante.

Assim, a Convenção de Roterdão aplica-se a contratos que prevejam um local de receção de mercadorias e um local de entrega das mercadorias situados em Estados diferentes, situando-se o local de carga para transporte marítimo e o local da descarga desse transporte marítimo também em Estados diferentes.

Além disso, exige-se que, de acordo com o contrato, fique situado num Estado contratante o local de receção, o local de carga, o local de entrega ou o local de descarga[17].

---

[15] Considerando necessário que o contrato de transporte marítimo seja internacional para que a Convenção seja aplicável, p. ex., MARIO RAPOSO, «Sobre o contrato de transporte de mercadorias por mar», *BMJ*, 376, 1988, p. 7, e MANUEL JANUÁRIO DA COSTA GOMES, «Do transporte "port to port" ao transporte "door to door"», cit., p. 373. Contra, defendendo que as Regras de Haia não estão confinadas ao transporte internacional, MARIAN HOEKS, *Multimodal Transport Law*, cit., p. 311. Para uma análise do tema, NUNO BASTOS, *Da disciplina do contrato de transporte internacional de mercadorias por mar*, Almedina, Coimbra, 2004, p. 86-87.

[16] O art. 5.º do Protocolo de Visby alterou o art. 10.º da Convenção de Bruxelas de 1924, esclarecendo que «The provisions of this Convention shall apply to every Bill of Lading relating to the carriage of goods between ports in two different States if [...]». As Regras de Hamburgo aplicam-se também «to all contracts of carriage by sea between two different States, if [...]».

[17] «1. Subject to article 6, this Convention applies to contracts of carriage in which the place of receipt and the place of delivery are in different States, and the port of loading of a sea carriage and the port of discharge of

Isto é, a conexão pode ser também o local de receção e de entrega das mercadorias, com transporte internacional por mar. E os portos de carga e descarga no navio podem situar-se em Estados não contratantes.

3.5. *Transporte em linha regular e outros*

Na Convenção de Bruxelas de 1924 existia já uma tentativa de limitar a predominância dos transportadores. O regime foi no entanto pensado para os transportes em linhas regulares. Nesses havia normalmente o recurso a conhecimentos de carga. Aí, existia em regra a possibilidade de imposição de condições pelo transportador e era também aí que o carregador tinha pouca força negocial. Por isso eram mais necessárias regras imperativas[18].

---

the same sea carriage are in different States, if, according to the contract of carriage, any one of the following places is located in a Contracting State: (*a*) The place of receipt; (*b*) The port of loading; (*c*) The place of delivery; or (*d*) The port of discharge. 2. This Convention applies without regard to the nationality of the vessel, the carrier, the performing parties, the shipper, the consignee, or any other interested parties».

[18]Veja-se o art. 3.º, 8: «Será nula, de nenhum efeito e como se nunca tivesse existido, toda a cláusula, convenção ou acordo num contrato de transporte exonerando o armador ou o navio da responsabilidade por perda ou dano concernente a mercadorias provenientes de negligência, culpa ou omissão dos deveres ou obrigações preceituados neste artigo, ou atenuando essa responsabilidade por modo diverso do preceituado na presente Convenção. Uma cláusula cedendo o benefício do seguro ao armador ou qualquer cláusula semelhante será considerada com exonerando o armador da sua responsabilidade». Por sua vez, o art. 5.º concede ao armador «a faculdade de renunciar, no todo ou em parte, aos direitos e isenções ou de agravar as suas responsabilidades e obrigações tais como se acham previstas, umas e outras, na presente Convenção (...)». Além disso, o art. 6.º permite que em certos casos o armador, o capitão, o agente do armador e o carregador alterem aspetos do regime da sua responsabilidade, mas acrescenta que o artigo «não se aplicará aos carregamentos comerciais ordinários, feitos por efeito de operações comerciais ordinárias, mas somente aqueles carregamentos em que o

A existência de algumas dessas regras imperativas acabava por facilitar a negociação do conhecimento de carga[19].

No entanto, o que esteve sobretudo na génese da Convenção de Bruxelas de 1924 foi o objetivo de afastar as cláusulas de irresponsabilidade dos armadores[20]. Mas a verdade é que naquela continuam a ser muito relevantes os riscos de mar para afastar essa mesma responsabilidade[21].

A Convenção de Bruxelas de 1924 não se aplica em regra aos casos em que há transporte com recurso a cartas partida, pois era isso o que ocorria então no transporte com fretamento fora de linhas regulares. Mas, se é emitido um conhecimento de carga, isso pode alterar as coisas[22].

Vejamos agora o que encontramos na Convenção de Roterdão. Lendo o art. 6.º, surge dito que:

«1.This Convention does not apply to the following contracts in liner transportation: (*a*) Charter parties; and (*b*) Other contracts for the use of a ship or of any space thereon. 2. This Convention does not apply to contracts of carriage in non-liner transportation except when: (*a*) There is no charter party or other contract between the parties for the use of a ship or of any space thereon; and (*b*) A transport document or an electronic transport record is issued»[23].

---

carácter e a condição dos bens a transportar e as circunstâncias os termos e as condições em que o transporte se deve fazer são de molde a justificar uma convenção especial».

[19] Hannu Honka, «General Provisions», *The Rotterdam Rules*, ed. Alexander von Ziegler/Johan Schelin/Stefano Zunarelli, Wolters Kluwer, Austin-Boston-Chicago-New York-The Netherlands, 2010, p. 27.

[20] Sobre a história dessas cláusulas, Stefano Zunarelli/Michele Pinto, *Manuale di diritto della navigazione e dei trasporti*, Cedam, Padova, 2009, p. 295.

[21] Cfr. o art. 4.º, no qual encontramos causas próprias do transporte por mar e causas comuns a outras modalidades de transporte.

[22] Cfr. o art. 1.º, b), *in fine*.

[23] Art. 1.º, 3.

As Regras de Roterdão adotam a redação em causa pela vontade de albergar realidades que foram ganhando aceitação. Hoje é possível encontrar, por exemplo, transportadores não regulares que, apesar de serem não regulares, oferecem os seus serviços ao público e emitem conhecimentos de carga.

3.6. *Obrigações do transportador*

No que diz respeito às obrigações do transportador, devem ser destacados os termos em que surge regulada a diligência do mesmo quanto ao navio para o manter *seaworthy and cargo worthy*.

Pelas Regras de Haia, «antes e no início da viagem» o transportador está obrigado a «exercer uma razoável diligência» para «pôr o navio em estado de navegabilidade», «armar, equipar e aprovisionar convenientemente o navio», «preparar e pôr em bom estado os porões, os frigoríficos e todas as outras partes do navio em que as mercadorias são carregadas, para a sua receção, transporte e conservação»[24].

São as chamadas condições do navio para o mar e para a carga. Aquelas obrigações ficam a cargo do transportador antes e no início da viagem porque, naquela época (1924), após o início da viagem o transportador perdia o controlo dos aspetos em causa. As comunicações não eram o que são hoje. Por isso também o armador e o navio não são responsáveis «pelas perdas ou danos provenientes ou resultantes do estado de navegabilidade do navio, salvo sendo este imputável a falta de razoável diligência da parte do armador» relativamente aos aspetos mencionados no art. 4.º, 1. Claro, se a perda ou dano resulta da inavegabilidade, o armador só pode invocar as causas de exoneração previstas no art. 4.º se provar que atuou com a «diligência razoável».

---

[24] Art. 3.º, 1, a), b, c).

O regime das Regras de Roterdão é muito diferente. Desde logo porque durante a viagem o transportador também tem que cuidar de manter o navio *seaworthy e cargo worthy*. Leia-se o art. 14: «The carrier is bound before, at the beginning of, and during the voyage by sea to exercise due diligence to: (a) Make and keep the ship seaworthy; (b) Properly crew, equip and supply the ship and keep the ship so crewed, equipped and supplied throughout the voyage; and (c) Make and keep the holds and all other parts of the ship in which the goods are carried, and any containers supplied by the carrier in or upon which the goods are carried, fit and safe for their reception, carriage and preservation».

Isto é assim porque são hoje muito maiores as possibilidades de comunicação com o navio em alto mar. Por outro lado, há que ter em conta as exigências que hoje surgem em termos de segurança e que o transportador também tem que cumprir. Basta lembrar a Convenção SOLAS e o Código IMO.

3.7. *Obrigação de entregar as mercadorias*

O transportador tem, segundo a Convenção de Roterdão, a obrigação de transportar e entregar as mercadorias. É o que resulta do art. 11.º: «The carrier shall, subject to this Convention and in accordance with the terms of the contract of carriage, carry the goods to the place of destination and deliver them to the consignee». Curiosamente, esse aspeto não era claro na Convenção de Bruxelas de 1924.

3.8. *Carga, descarga, estiva*

No que diz respeito à obrigação de carregar, descarregar e estivar, também não era totalmente inequívoco o regime resultante da Convenção de Bruxelas. O que se lê no art. 3.º, 2 é o seguinte: «O armador, salvo o disposto no artigo 4.º, procederá de modo apropriado e diligente ao carregamento, manutenção, estiva, transporte, guarda, cuidados e descarga das mercadorias transportadas». Poderia tal preceito ser visto como significando estar pressuposto que o transportador assumiu essas obrigações por acordo – ou seja, teria de haver acordo para que o transportador ficasse obrigado a carregar, manter, estivar, transportar, guardar, cuidar e descarregar. Havendo acordo, teria de cumprir essas obrigações «de modo apropriado e diligente». Mas o art. 2.º, além disso, estabelece que «Salvo o disposto no artigo 6.º, o armador, em todos os contratos de transporte de mercadorias por mar, ficará, quanto ao carregamento, manutenção, estiva, transporte, guarda, cuidados e descargas dessas mercadorias, sujeito às responsabilidades e obrigações, e gozará dos direitos e isenções sindicados nos artigos seguintes»[25].

Nas Regras de Roterdão o regime é, ainda assim, um pouco mais claro. De acordo com o art. 13.º, 1, a obrigação de receber (*receive*), carregar (*load*), manusear (*handle*), estivar (*stow*), transportar (*carry*), manter (*keep*), cuidar (*care for*), descarregar (unload) e entregar (*deliver*) as mercadorias de forma apropriada e cuidadosa[26] parece recair sobre o transportador[27].

---

[25] Considerando que o art. 2.º mostra que «as operações de carga e de descarga são já da responsabilidade do transportador» e que «a responsabilidade pela execução de tais operações não pode ser transferida, em caso algum, para o carregador ou para o destinatário», MÁRIO RAPOSO, «Sobre o contrato de transporte de mercadorias por mar», cit., p. 37 e s..

[26] «1. The carrier shall during the period of its responsibility as defined in article 12, and subject to article 26, properly and carefully receive, load, handle, stow, carry, keep, care for, unload and deliver the goods». Também importante é o facto de os limites de responsabilidade estabelecidos na Convenção de Roterdão valerem para estas obrigações, nos termos do art. 59.º: cfr. PHILIPPE DELEBECQUE, «Obligations of the carrier», *The Rotterdam Rules*, ed. Alexander von Ziegler/Johan Schelin/Stefano Zunarelli, Wolters Kluwer, Austin-Boston-Chicago-New York-The Netherlands, 2010, p. 83. Sobre a per-

É certo que pode ser convencionado que o carregador, carregador documentário ou destinatário ficam obrigados a realizar a carga, o manuseamento, a estiva e a descarga[28]. Mas essa é uma alternativa pouco prática no *door-to-door*.

3.9. *A responsabilidade do transportador*

3.9.1. *Uma responsabilidade baseada na culpa*

Na Convenção de Roterdão a responsabilidade do transportador parece estar baseada na culpa. Segundo o art. 17.º, 2, «The carrier is relieved of all or part of its liability pursuant to paragraph 1 of this article if it proves that the cause or one of the causes of the loss, damage, or delay is not attributable to its fault or to the fault of any person referred to in article 18».

E dizemos que parece estar baseada na culpa porque «fault» não coincide inteiramente com a «culpa». No entanto, na versão em língua castelhana da Convenção de Roterdão é a palavra «culpa» que surge no art. 17.º, 2.

---

da das mercadorias por erros na entrega (*misdelivery*), PHILIPPE DELEBECQUE, «Obligations of the carrier», cit., p. 78.

[27] Dando conta de outra leitura, FRANCESCO BERLINGIERI, «A review of some recente analyses of the Rotterdam Rules», DM, 2009, p. 965.

[28] Art. 13.º, 2: «Notwithstanding paragraph 1 of this article, and without prejudice to the other provisions in chapter 4 and to chapters 5 to 7, the carrier and the shipper may agree that the loading, handling, stowing or unloading of the goods is to be performed by the shipper, the documentary shipper or the consignee. Such an agreement shall be referred to in the contract particulars». O carregador documentário é «a person, other than the shipper, that accepts to be named as "shipper" in the transport document or electronic transport record» (art. 1.º, 9).

3.9.2. *O «período de responsabilidade»*

De acordo com as Regras de Haia, o transportador é responsável nos termos daquelas Regras desde o carregamento até ao desembarque[29]. Significa isto que a mercadoria já estará carregada e ainda não foi desembarcada[30]. Fora desse limite, a Convenção de Bruxelas de 1924 não se aplica e o contrato de transporte pode prever um regime aplicável com outra liberdade.

Discute-se, é certo, se a mercadoria tem que passar a amura do navio ou não para que a Convenção de Bruxelas seja aplicável[31]. A alternativa seria a de considerar que as Regras de Haia e suas limitações aplicam-se desde que se inicia o processo de içar a carga através do aparelho do navio até ao momento em que termina o processo de baixar a carga através do aparelho do navio.

Esse tema ganha hoje outra dimensão, pois com o transporte multimodal o transportador tem a mercadoria a seu cargo muito antes.

A este propósito, lembre-se o art. 7.º das Regras de Haia: «Nenhuma disposição da presente Convenção proíbe ao armador

---

[29] De acordo com o art. 1.º, e), «"Transporte de mercadorias" abrange o tempo decorrido desde que as mercadorias são carregadas a bordo do navio até ao momento em que são descarregadas». MANUEL JANUÁRIO DA COSTA GOMES, «Introdução às Regras de Roterdão – A Convenção "Marítima-Plus" sobre transporte internacional de mercadorias», cit., p. 55, lembra porém o art. 2.º, que na sua opinião «coloca a cargo do transportador, desde logo, os próprios actos de carga e descarga das mercadorias, entre outros».

Sobre a obrigação de carga e descarga, veja-se o que escrevemos no ponto 3.8..

[30] Nesse sentido, MANUEL JANUÁRIO DA COSTA GOMES, «Do transporte "port to port" ao transporte "door to door"», p. 370.

[31] Sobre o tema, NUNO BASTOS, *Da disciplina do contrato de transporte internacional de mercadorias por mar*, cit., p. 226 e ss., com uma distinção clara entre obrigação e responsabilidade. No plano interno, o art. 23.º, 1, do DL 352/86, de 21 de outubro, considera a mercadoria carregada se, no porto de carga, transpõe a borda do navio de fora para dentro, e descarregada se, no porto de descarga, transpõe a borda do navio de dentro para fora.

ou carregador inserir num contrato estipulações, condições, reservas ou isenções relativas às obrigações e responsabilidades do armador, ou do navio, pelas perdas e danos que sobrevierem às mercadorias, ou concernentes à sua guarda, cuidado e manutenção, anteriormente ao carregamento e posteriormente à descarga do navio no qual as mesmas mercadorias são transportadas por mar». Este preceito é explorado por transportadores, que incluem nos contratos cláusulas de exoneração de responsabilidade quanto a esse período[32]: as chamadas *«before & after clauses»*. No entanto, são cláusulas que devem ser sujeitas a escrutínio quanto à respetiva validade perante o direito aplicável.

O regime das Regras de Hamburgo já era diferente do que encontramos nas Regras de Haia. Segundo o art. 4.º, 1, daquela Convenção, a responsabilidade do transportador cobre o período durante o qual o transportador tem as mercadorias a seu cargo no porto de embarque, durante o transporte e no porto de desembarque.

As Regras de Roterdão contêm um regime mais interessante. O período de responsabilidade inicia-se quando o transportador ou uma *performing party* (parte executante) recebe as mercadorias para transporte e acaba quando as mercadorias são *entregues*[33].

---

[32] MARIAN HOEKS, *Multimodal Transport Law*, cit., p. 322.

[33] «*Article 12. Period of responsibility of the carrier.* 1. The period of responsibility of the carrier for the goods under this Convention begins when the carrier or a performing party receives the goods for carriage and ends when the goods are delivered. 2. (*a*) If the law or regulations of the place of receipt require the goods to be handed over to an authority or other third party from which the carrier may collect them, the period of responsibility of the carrier begins when the carrier collects the goods from the authority or other third party. (*b*) If the law or regulations of the place of delivery require the carrier to hand over the goods to an authority or other third party from which the consignee may collect them, the period of responsibility of the carrier ends when the carrier hands the goods over to the authority or other third party. 3. For the purpose of determining the carrier's period of responsibility, the parties may agree on the time and location of receipt and delivery of the goods, but a provision in a contract of carriage is void to the extent that it pro-

É, pois, um regime muito adequado ao transporte *door to door*. Como é fácil de perceber, o transportador recebe muitas vezes a mercadoria antes de chegar ao porto de carga e pode ter que entregar essas mercadorias depois do porto de descarga.

Claro que o carregador deve provar que a perda, dano ou atraso, ou o facto ou circunstância que os causou, ocorreu durante o período de responsabilidade. E daí a importância do documento de transporte, especialmente do conhecimento de carga[34].

No entanto, o art. 13.º, 2, admite cláusulas que transfiram as obrigações para o carregador, o carregador documentário ou o destinatário: «Notwithstanding paragraph 1 of this article, and without prejudice to the other provisions in Chapter 3 and to Chapters 4 to 6, the carrier and the shipper may agree that

---

vides that: (*a*) The time of receipt of the goods is subsequent to the beginning of their initial loading under the contract of carriage; or (*b*) The time of delivery of the goods is prior to the completion of their final unloading under the contract of carriage».

[34] É o seguinte o teor do art. 41.º da Convenção de Roterdão: «*Article 41. Evidentiary effect of the contract particulars.* Except to the extent that the contract particulars have been qualified in the circumstances and in the manner set out in article 40: (*a*) A transport document or an electronic transport record is prima facie evidence of the carrier's receipt of the goods as stated in the contract particulars; (*b*) Proof to the contrary by the carrier in respect of any contract particulars shall not be admissible, when such contract particulars are included in: (i) A negotiable transport document or a negotiable electronic transport record that is transferred to a third party acting in good faith; or (ii) A non-negotiable transport document that indicates that it must be surrendered in order to obtain delivery of the goods and is transferred to the consignee acting in good faith; (*c*) Proof to the contrary by the carrier shall not be admissible against a consignee that in good faith has acted in reliance on any of the following contract particulars included in a non-negotiable transport document or a non negotiable electronic transport record: (i) The contract particulars referred to in article 36, paragraph 1, when such contract particulars are furnished by the carrier; (ii) The number, type and identifying numbers of the containers, but not the identifying numbers of the container seals; and (iii) The contract particulars referred to in article 36, paragraph 2».

the loading, handling, stowing or unloading of the goods is to be performed by the shipper, the documentary shipper or the consignee. Such an agreement shall be referred to in the contract particulars». E parece que isto pode dizer respeito não só a custos, mas também à responsabilidade[35].

3.9.3 *Atraso na entrega*

Na Convenção de Bruxelas não parece estar previsto qualquer regime para os casos em que existe atraso na entrega das mercadorias, embora haja quem entenda que não é totalmente claro que assim seja[36] tendo em conta os arts. 3.º, 2[37] e 4.º, 5[38].

A Convenção de Roterdão, por seu lado, contém regras sobre a responsabilidade do transportador não apenas pela perda das mercadorias e dano a estas causado, mas também pelo atraso na entrega (art. 17.º)[39].

O atraso é no entanto só o previsto no art. 21.º[40]. O que significa que há atraso quando as mercadorias não são entregues

---

[35] PHILIPPE DELEBECQUE, «Obligations of the carrier», cit., p. 85. É uma questão que constitui um problema perante a redação do art. 3.º, 2 das Regras de Haia.

[36] ALEXANDER VON ZIEGLER, «Liability of the carrier for loss, damage or delay», *The Rotterdam Rules*, ed. Alexander von Ziegler/Johan Schelin/Stefano Zunarelli, Wolters Kluwer, Austin-Boston-Chicago-New York-The Netherlands, 2010, p. 122, nota 151.

[37] «O armador, salvo o disposto no artigo 4.º, *procederá de modo apropriado e diligente* […]» (itálico nosso).

[38] «Tanto o armador como o navio não serão obrigados, *em caso algum*, por perdas e danos causados às mercadorias ou que lhe digam respeito, por uma soma superior a […]» (itálico nosso).

[39] Veja-se antes de mais o n.º 1: «The carrier is liable for loss of or damage to the goods, as well as for delay in delivery, if the claimant proves that the loss, damage, or delay, or the event or circumstance that caused or contributed to it took place during the period of the carrier's responsibility as defined in chapter 4».

[40] «Delay in delivery occurs when the goods are not delivered at the place of destination provided for in the contract of carriage within the time agreed».

no local de destino indicado no contrato de transporte no prazo acordado.

Quanto aos casos em que tem lugar o atraso, há quem entenda que a Convenção não explica como calcular a indemnização ou qual a extensão da responsabilidade[41]. No entanto, o art. 60.º ajuda nessa tarefa, embora deixe algumas dúvidas quanto ao seu exato sentido.

3.9.4. Desvio

O problema do desvio tem nas Regras de Haia um regime de sentido duvidoso tendo em conta a redação do art. 4.º, 4[42]. Para certos desvios (os que não são permitidos expressamente pelo art. 4.º, 4) a solução é pouco clara (sobretudo quanto à exclusão e aos limites da responsabilidade)[43].

Na Convenção de Roterdão, algumas coisas são resolvidas de forma mais límpida. Assim, o desvio pelo transportador ou *maritime performing party* não afasta as causas de exoneração ou as limitações de responsabilidade, salvo os casos previstos no art. 61.º[44].

---

[41] ALEXANDER VON ZIEGLER, «Liability of the carrier for loss, damage or delay», cit., p. 99: «the new Convention does not offer a formula on how compensation for damages resulting from delay has to be proven by claimants, nor does it specify to what extent the carrier shall be liable for all possible financial consequences of a particular delay».

[42] «Nenhum desvio de rota para salvar ou tentar salvar vidas ou bens no mar nem qualquer desvio de rota razoável, será considerado como infracção à presente Convenção ou ao contrato de transporte, e o armador não será responsável de qualquer perda ou dano que daí resulte».

[43] UFFE LIND RASMUSSEN, «Additional Provisions relating to particular stages of carriage», *The Rotterdam Rules*, ed. Alexander von Ziegler/Johan Schelin/Stefano Zunarelli, Wolters Kluwer, Austin-Boston-Chicago-New York-The Netherlands, 2010, p. 134-135.

[44] Cfr. o art. 24.º: «When pursuant to applicable law a deviation constitutes a breach of the carrier's obligations, such deviation of itself shall not

3.9.5. *Alguns casos em que o transportador não responde*

A Convenção de Roterdão contém regras que afastam em certos casos a responsabilidade do transportador[45]. O transporta-

---

deprive the carrier or a maritime performing party of any defence or limitation of this Convention, except to the extent provided in article 61».

[45] Art. 17.º «[...] 2.The carrier is relieved of all or part of its liability pursuant to paragraph 1 of this article if it proves that the cause or one of the causes of the loss, damage, or delay is not attributable to its fault or to the fault of any person referred to in article 18. 3. The carrier is also relieved of all or part of its liability pursuant to paragraph 1 of this article if, alternatively to proving the absence of fault as provided in paragraph 2 of this article, it proves that one or more of the following events or circumstances caused or contributed to the loss, damage, or delay: (*a*) Act of God; (*b*) Perils, dangers, and accidents of the sea or other navigable waters; (*c*) War, hostilities, armed conflict, piracy, terrorism, riots, and civil commotions; (*d*) Quarantine restrictions; interference by or impediments created by governments, public authorities, rulers, or people including detention, arrest, or seizure not attributable to the carrier or any person referred to in article 18; (*e*) Strikes, lockouts, stoppages, or restraints of labour; (*f*) Fire on the ship; (*g*) Latent defects not discoverable by due diligence; (*h*) Act or omission of the shipper, the documentary shipper, the controlling party, or any other person for whose acts the shipper or the documentary shipper is liable pursuant to article 33 or 34; (*i*) Loading, handling, stowing, or unloading of the goods performed pursuant to an agreement in accordance with article 13, paragraph 2, unless the carrier or a performing party performs such activity on behalf of the shipper, the documentary shipper or the consignee; (*j*) Wastage in bulk or weight or any other loss or damage arising from inherent defect, quality, or vice of the goods; (*k*) Insufficiency or defective condition of packing or marking not performed by or on behalf of the carrier; (*l*) Saving or attempting to save life at sea; (m) Reasonable measures to save or attempt to save property at sea; (*n*) Reasonable measures to avoid or attempt to avoid damage to the environment; or (o) Acts of the carrier in pursuance of the powers conferred by articles 15 and 16. 4. Notwithstanding paragraph 3 of this article, the carrier is liable for all or part of the loss, damage, or delay: (*a*) If the claimant proves that the fault of the carrier or of a person referred to in article 18 caused or contributed to the event or circumstance on which the carrier relies; or (*b*) If the claimant proves that an event or circumstance not listed in paragraph 3 of this article contributed to the loss, damage, or delay, and the carrier cannot prove that

dor: a) Poderá não responder, no todo ou em parte, se prova que não tem culpa nem a tem alguma das pessoas do art. 18 na causa da perda, dano ou atraso, ou numa delas[46] (art. 17.º, 2); ou b) Poderá não responder se prova que algum dos eventos ou circunstâncias previstos no art. 17.º, 3 causou ou contribuiu para a perda, dano ou atraso[47]. Mas no caso da prova dessas circunstâncias (referidas em b)) o transportador ainda responde se é feita prova de que: 1. Essas circunstâncias invocadas pelo transportador ainda foram causadas, no todo ou em parte, por culpa do transportador; 2. Uma outra circunstância não descrita no art. 17.º, 3,

---

this event or circumstance is not attributable to its fault or to the fault of any person referred to in article 18. 5. The carrier is also liable, notwithstanding paragraph 3 of this article, for all or part of the loss, damage, or delay if: (*a*) The claimant proves that the loss, damage, or delay was or was probably caused by or contributed to by (i) the unseaworthiness of the ship; (ii) the improper crewing, equipping, and supplying of the ship; or (iii) the fact that the holds or other parts of the ship in which the goods are carried, or any containers supplied by the carrier in or upon which the goods are carried, were not fit and safe for reception, carriage, and preservation of the goods; and (*b*) The carrier is unable to prove either that: (i) none of the events or circumstances referred to in subparagraph 5 (*a*) of this article caused the loss, damage, or delay; or (ii) it complied with its obligation to exercise due diligence pursuant to article 14. 6. When the carrier is relieved of part of its liability pursuant to this article, the carrier is liable only for that part of the loss, damage or delay that is attributable to the event or circumstance for which it is liable pursuant to this article».

[46] A Convenção de Bruxelas de 1924 dispõe, no seu art. 4.º, 2, q), que o armador ou o navio não são designadamente responsáveis por perda ou dano resultante ou proveniente de «qualquer outra causa não proveniente de facto ou culpa do armador, ou de facto ou culpa de agentes ou empregados do armador, mas o encargo da prova incumbirá à pessoa que invoca o benefício desta isenção e cumprir-lhe-á mostrar que nem a culpa pessoal, nem o facto do armador, nem a culpa ou o facto dos agentes ou empregados do armador contribuíram para a perda ou dano».

[47] Estes eventos ou circunstâncias têm sido vistos como provocando uma inversão do ónus da prova. Presunções lhes chama por isso FRANCESCO BERLINGIERI, «A review of some recent analyses of the Rotterdam Rules», cit., p. 963.

foi a causa ou concausa da perda, dano ou atraso; – mas mesmo aqui o transportador não responde se prova que não teve culpa nem a tiveram as pessoas por quem responde; 3. Foi o estado do navio que provavelmente causou a perda, dano ou atraso – a menos que o transportador prove que actuou diligentemente no cumprimento das obrigações do art. 14.º.

3.9.6. *A falha náutica*

Segundo o art. 4.º, 2, das Regras de Haia, «Nem o armador nem o navio serão responsáveis por perda ou dano resultante ou proveniente: (a) De actos, negligência ou falta do capitão, mestre, piloto ou empregados do armador na navegação ou na administração do navio».

Na Convenção de Roterdão o regime é bastante diferente (como já o era nas Regras de Hamburgo).

Os excepted perils do art. 17.º, 3 não abrangem a falha náutica. É fácil perceber porquê. Hoje as telecomunicações permitem manter o contacto com o navio durante a viagem e, por essa via, um controlo mais apertado do que sucede a bordo.

No entanto, o transportador poderá não responder se se verificarem certas circunstâncias referidas no art. 17.º, 2. Algumas delas, aliás, só dizem respeito ao transporte por mar. Mas surgem várias circunstâncias novas, como é o caso das relacionadas com o salvamento de bens, a prevenção de danos ambientais ou relacionadas com mercadorias que podem ser perigosas.

Destaque também para o facto de o art. 17.º, 5, estabelecer limites à possibilidade de afastamento da responsabilidade em certos casos que podem ocorrer no transporte por mar.

3.9.7. *Responsabilidade do* transportador *por atos ou omissões de outras pessoas*

A Convenção de Roterdão, como resulta do art. 18.º, vem responsabilizar o transportador pela violação das suas obrigações através de atos ou omissões de outras pessoas[48]:
- de qualquer *performing party* (art. 1.º, 6) – quer na parte marítima do transporte, quer nas outras[49];
- do capitão e tripulação do navio – e aqui está apenas em causa, obviamente, a parte marítima do transporte, sendo por isso muito grande a diferença relativamente ao regime que encontramos previsto no art. 4.º, 2, *a*), das Regras de Haia;
- dos empregados do transportador ou de uma *performing party*[50];
- de qualquer outra pessoa que execute ou assuma a obrigação de executar (*undertakes to perform*) qualquer das obrigações do transportador resultantes do contrato de transporte, desde que essa pessoa atue, direta ou indiretamente, a pedido ou sob a supervisão ou controlo do transportador.

---

[48] «The carrier is liable for the breach of its obligations under this Convention caused by the acts or omissions of: (*a*) Any performing party; (*b*) The master or crew of the ship; (*c*) Employees of the carrier or a performing party; or (*d*) Any other person that performs or undertakes to perform any of the carrier's obligations under the contract of carriage, to the extent that the person acts, either directly or indirectly, at the carrier's request or under the carrier's supervision or control».

[49] Na Convenção de Hamburgo surgia algo de semelhante, mas menos abrangente, na medida em que se fazia referência à distinção *contracting carrier/actual carrier*.

[50] Aparentemente, no âmbito da relação contratual de emprego: ALEXANDER VON ZIEGLER, «Liability of the carrier for loss, damage or delay», cit., p. 113.

3.9.8. Responsabilidade de maritime performing parties

Como é sabido, é frequente surgirem problemas na identificação da qualidade em que vários operadores intervêm quando é executado um contrato de transporte marítimo[51]. O Protocolo de Visby procurou resolver alguns desses problemas. Além disso, em muitos contratos a utilização da cláusula Himalaya levava à aplicação da Convenção «à actividade de qualquer sujeito de quem o transportador se socorra para a concreta execução das singulares operações que entram no âmbito do contrato de transporte»[52].

A Convenção de Roterdão contém a este propósito regras bastante completas. Trata-se de regime que tem por exemplo em conta que, frequentemente, o transportador contratado vai subcontratar o transporte para certos segmentos do percurso ou até para todos os segmentos.

Desde logo, a Convenção de Roterdão estende a responsabilidade a outras pessoas que não apenas o transportador com quem foi celebrado o contrato de transporte[53]. Mas não apenas a responsabilidade: também os meios de defesa e os limites à responsabilidade.

A responsabilidade das *maritime performing parties* surge sobretudo regulada no art. 19.º. Trata-se de um regime que vale para as *maritime performing parties* com o sentido previsto no

---

[51] Merece referência a *United Nations Convention on the Liability of Operators of Transport in International Trade*, de 1991, que não entrou em vigor.

[52] MANUEL JANUÁRIO DA COSTA GOMES, «Do transporte "port to port" ao transporte "door to door"», cit., p. 375.

[53] Não é algo de novo. No transporte aéreo isto já é conhecido desde pelo menos a Convenção de Guadalajara de 1961, através do conceito de *actual carrier*. Cfr. tb. posteriormente os arts. 39.º e ss. da Convenção de Montreal. Também o usam as Regras de Hamburgo, art. 10.º.

art. 1.º, 7[54]: «performing party to the extent that it performs or undertakes to perform any of the carrier's obligations during the period between the arrival of the goods at the port of loading of a ship and their departure from the port of discharge of a ship. An inland carrier is a maritime performing party only if it performs or undertakes to perform its services exclusively within a port area». Poderá abranger assim operadores de terminais, donos de armazéns, estivadores, transportadores no porto, ou até transportadores marítimos.

Quanto a essas *maritime performing parties*, resulta das Regras de Roterdão que, verificados certos pressupostos, estão sujeitas às mesmas obrigações (1.º, 6, a)) e responsabilidades que são impostas ao transportador, às mesmas circunstâncias que afastam a responsabilidade e aos mesmos limites de responsabilidade.

Que pressupostos são esses?

Em primeiro lugar, devemos estar perante uma *maritime performing party* que:
a) Recebeu as mercadorias para transporte num Estado contratante ou
b) Entregou-as num Estado contratante ou
c) Executou as suas atividades em relação às mercadorias num porto de um estado contratante.

Além disso, é preciso que o facto que causou a perda, o dano ou atraso tenha tido lugar:
a) Durante o período entre a chegada das mercadorias ao porto de carregamento do navio e a sua saída do porto de descarga do navio;

---

[54] E só as marítimas. Quanto à responsabilidade das outras *performing parties*, segundo a lei aplicável, FRANCESCO BERLINGIERI/STEFANO ZUNARELLI/ /CHIARA ALVISI, «La nuova Convenzione UNCITRAL sul Transporto Internazionale di mercy "wholly or partly by sea" (Regole di Rotterdam)», DM, Out.-Dez. 2008, p. 1181.

b) Quando a *maritime performing party* tinha custódia das mercadorias; ou
c) Em qualquer outro momento durante o qual estivesse a participar na execução de qualquer das actividades contempladas pelo contrato de transporte.

Acresce que as *maritime performing parties* também são responsáveis por incumprimento das suas obrigações segundo a Convenção se o mesmo foi causado por atos ou omissões de pessoas a quem confiaram a execução de qualquer das obrigações do transportador de acordo com o contrato de transporte nos termos do art. 19.º, 1.

A responsabilidade do transportador e das *maritime performing parties* é solidária, como resulta do art. 20.º, 1.

Contudo, o que diz respeito às *maritime performing parties* não abrange o capitão do navio, a tripulação do navio ou um empregado do transportador ou de uma *maritime performing party*. Veja-se o art. 19.º, 4: nada na Convenção de Roterdão determina a responsabilidade do capitão ou tripulação do navio ou de empregado do transportador ou de uma parte executante marítima. Ora, não parece ser isso que resulta da Convenção de Bruxelas de 1924.

3.9.9. *Transporte no convés*

Relativamente ao transporte de mercadorias no convés, as Regras de Haia contêm um regime ditado pela época em que foram elaboradas. Assim, o art. 1.º, c), exclui do conceito de mercadoria, para além dos animais vivos, «a carga que, no contrato de transporte, é declarada como carregada no convés e, de facto, é assim transportada».

Com o desenvolvimento dos meios de transporte marítimo, e em especial com a evolução sentida na segurança dos navios porta-contentores, justificava-se um regime diferente apesar dos perigos que envolve o transporte no convés.

Nas Regras de Roterdão, o art. 25.º trata do assunto com algum desenvolvimento, encontrando-se aí algumas semelhanças com as soluções contidas na Convenção de Hamburgo. Segundo aquele art. 25.º, as mercadorias podem ser transportadas no convés se: a) isso é exigido por lei, ou b) estão em causa mercadorias transportadas em ou sobre contentores ou em ou sobre veículos adequados para o transporte no convés, que viagem em convés especialmente equipado para o transporte de tais contentores ou veículos, ou c) o transporte no convés é realizado em conformidade com o contrato de transporte, ou em conformidade com o costume, usos ou prática do comércio.

Se o transporte é em ou sobre contentores ou veículos adequados para transporte em convés, o transportador é responsável nos termos da Convenção, com os limites nela fixados.

Se o transporte é realizado no convés por exigência legal ou em conformidade com o contrato, costume, usos, ou prática do comércio, o transportador é responsável nos termos da Convenção, com as exonerações e limites, mas não o será por perda, dano ou atraso causados pelo risco especial envolvido no transporte em convés.

Mas se o transporte é realizado no convés fora dos casos das als. a), b) e c), o transportador é responsável nos termos da Convenção sem as inversões de ónus da prova do art. 17.º, 3, embora com os limites, quando se prove que a perda, dano ou atraso foram exclusivamente causados pelo transporte no convés.

E se o acordo expresso era para transportar sob o convés mas o transporte é efectuado no convés, o transportador não pode invocar os limites de responsabilidade se a perda, dano ou atraso foram causados pelo transporte no convés.

3.9.10. *Cálculo da indemnização*

Sobre o cálculo do valor da indemnização interessa ler o art. 22.º da Convenção de Roterdão:

«1.Subject to article 59, the compensation payable by the carrier for loss of or damage to the goods is calculated by reference to the value of such goods at the place and time of delivery established in accordance with article 43. 2.The value of the goods is fixed according to the commodity exchange price or, if there is no such price, according to their market price or, if there is no commodity exchange price or market price, by reference to the normal value of the goods of the same kind and quality at the place of delivery. 3. In case of loss of or damage to the goods, the carrier is not liable for payment of any compensation beyond what is provided for in paragraphs 1 and 2 of this article except when the carrier and the shipper have agreed to calculate compensation in a different manner within the limits of chapter 16.»

Como facilmente se percebe, o regime do art. 22.º é aplicável a casos de *loss or damage*. E a *loss* abrange certamente a perda física.

Mais duvidoso é se abrange os casos de erro na entrega. Parece que abrange a falta de entrega por outras causas (entrega a pessoa errada, descarga em local diverso do previsto por causa de avaria, etc.)[55]. Claro é que o art. 22.º afasta a *compensation* quanto aos danos consequenciais (relacionados com a revenda e o uso, designadamente).

O art. 60.º, por sua vez, manda aplicar o art. 22.º para *loss or damage to the goods* devido a atraso. Quanto à responsabilidade por danos económicos devidos a atraso, é a mesma limitada a 2,5 vezes o frete pagável pelas mercadorias com atraso. Além disso, a indemnização não pode exceder os limites resultantes do art. 59.º, 1, para a perda total das mercadorias.

---

[55] FRANCESCO BERLINGIERI/STEFANO ZUNARELLI/CHIARA ALVISI, «La nuova Convenzione UNCITRAL sul Transporto Internazionale di mercy "wholly or partly by sea" (Regole di Rotterdam)», cit., p. 1215.

3.9.11. Limites de responsabilidade

A limitação da responsabilidade do transportador de mercadorias não é atraente para os carregadores, como é óbvio. Mas as limitações de responsabilidade visam distribuir o risco. Sem elas, o transportador teria de cobrar mais pelo transporte. Até porque muitas vezes não sabe o que vai dentro do contentor[56]. E os custos que o transportador teria que suportar com os seguros também seriam mais elevados, o que se repercutiria mais uma vez no valor a cobrar pelo transporte[57].

A Convenção de Bruxelas de 1924 já contém uma limitação da responsabilidade. O art. 4.º, 5, limita-a a 100 libras esterlinas por volume ou unidade, em caso de perdas e danos causados às mercadorias ou que lhe digam respeito[58]. A referida Convenção limitava essa responsabilidade por volume ou unidade mas não

---

[56] YUZHUO SI/PING GUO, «Limits of liability», *The Rotterdam Rules*, ed. Alexander von Ziegler/Johan Schelin/Stefano Zunarelli, Wolters Kluwer, Austin-Boston-Chicago-New York-The Netherlands, 2010, p. 253.

[57] YUZHUO SI/PING GUO, «Limits of liability», cit., p. 253.

[58] Com o protocolo de 1968, a libra esterlina («em valor ouro»: cfr. o art. 9.º das Regras de Haia) foi substituída pelo franco Poincaré. Além disso, o peso bruto em kgs surgiu como alternativa ao volume ou unidade. As exonerações e limitações passaram a aplicar-se também à responsabilidade civil extracontratual e podem ser invocadas por colaboradores. O Protocolo de 1979 veio introduzir o direito de saque especial como unidade de conta (e por isso é conhecido como Protocolo SDR – *Special Drawing Rights*). A Convenção de Bruxelas de 1924 dispõe no seu art. 9.º que «Os Estados contratantes em que a libra esterlina não é empregada como unidade monetária reservam-se o direito de converter em números redondos, segundo o seu sistema monetário, as somas indicadas em libras esterlinas na presente Convenção». O art. 1.º, § 1.º, do DL 37 748, de 1 de Fevereiro de 1950, depois de considerar «aplicável a todos os conhecimentos de carga emitidos em território português, qualquer que seja a nacionalidade das partes contratantes», os arts. 1 a 8 da Convenção de Bruxelas de 1924, estabeleceu que «o limite de responsabilidade a que se referem os artigos 4, n.º 5, e 9» da Convenção era de 12.500$. O art. 31.º, 1 do DL 352/86, de 21 de Outubro, fixou esse limite «em € 498,80».

define o que sejam um e outra. Daí que se discuta, por exemplo, se o volume é encontrado em função da autonomia da mercadoria, da embalagem ou da preparação para o transporte[59].

Perante o texto da Convenção de Bruxelas, pergunta-se se desaparece a limitação da responsabilidade quando o transportador agiu intencionalmente ou temerariamente com consciência de que o dano provavelmente resultaria do ato ou omissão. O assunto foi objeto das alterações introduzidas com o Protocolo de 1968[60], discutindo-se se este inovou verdadeiramente ou se apenas completou interpretativamente[61]. E, na verdade, pelo menos em caso de dolo deve ser entendido que mesmo na redação de 1924 fica afastada a limitação[62].

Havendo declaração de valor, passam a ser aplicáveis tetos mais altos, nos termos do art. 4.º, 5. Contudo, isso envolve custos mais elevados. Daí que muitos carregadores prefiram celebrar um contrato de seguro, que poderá até cobrir casos de exoneração do transportador.

De acordo com o art. 59.º da Convenção de Roterdão, a responsabilidade do transportador por violação das suas obrigações segundo a Convenção (*the breaches of its obligations under this convention*) está limitada em princípio a 3 direitos de saque

---

[59] Cfr., com interesse, o art. 24.º do DL 352/86.

[60] Com o Protocolo de Visby, o art. 4.º, 5, das Regras de Haia foi alterado, passando a constar do mesmo uma al. e) com o seguinte teor: «(e) Neither the carrier nor the ship shall be entitled to the benefit of the limitation of liability provided for in this paragraph if it is proved that the damage resulted from an act or omission of the carrier done with intent to cause damage, or recklessly and with knowledge that damage would probably result».

[61] Sobre o tema, e tendendo para a segunda leitura indicada no texto, MÁRIO RAPOSO, «Perda do direito à limitação legal da responsabilidade do transportador marítimo de mercadorias», *Estudos sobre arbitragem comercial e direito marítimo*, Almedina, Coimbra, 2006, p. 143.

[62] Alargando o afastamento dos limites também aos casos em que há má fé do transportador, HUGO ALVES, *Da limitação da responsabilidade do transportador na Convenção de Bruxelas de 1924*, Almedina, Coimbra, 2008, p. 125.

especial por kg de peso bruto ou 875 direitos de saque especial por volume ou outra unidade (*shipping unit*) por perda ou dano, consoante o valor que seja maior.

As alternativas são vantajosas para o carregador, comparando com convenções que só tomam em conta o peso da mercadoria. Mas há o risco de o transportador jogar com a prova para fazer ou não aplicar as Regras de Roterdão segundo o que lhe for mais conveniente, para os casos em que não se prova onde ocorreu a perda ou o dano[63].

Pode o valor dos bens (mais alto[64]) ser declarado pelo carregador, nos termos previstos, ou pode ser fixado um limite mais alto por acordo entre carregador e transportador.

Se as mercadorias forem transportadas em ou sobre contentor, palete ou meio semelhante usado para agrupar mercadorias, ou em ou sobre veículo, valem os volumes ou unidades que são enumeradas nos dados do contrato como tendo sido colocados em ou sobre o dito meio ou veículo.

Se o contrato nada diz sobre isso, os bens no meio em causa ou veículo são considerados uma unidade. E isso pode ter sérias consequências.

3.9.12. *Atraso na entrega*

No caso de haver atraso na entrega, o art. 60.º estabelece que o limite da responsabilidade por danos económicos é de 2,5 vezes o valor do frete relativo às mercadorias com atraso[65]. Mas o valor a pagar não pode exceder o limite do art. 59.º, 1, relativo à perda total das mercadorias em causa.

O dano económico (*economic loss*) inclui perda de outros contratos, custo de outros produtos alternativos, não obtenção

---

[63] MARIAN HOEKS, *Multimodal Transport Law*, cit., p. 353.
[64] Que sim, YUZHUO SI/PING GUO, «Limits of liability», cit., p. 247.
[65] Cfr. tb. o art. 6.º, 1, b) das Regras de Hamburgo.

de ganhos, diminuição de valor de mercado e danos económicos puros[66].

Mas também os limites da responsabilidade por atraso podem deixar de ser invocáveis nos termos do art. 61.º, 2: se o demandante prova que o atraso na entrega resultou de um acto ou omissão pessoal de quem invoca o limite (transportador ou alguma das pessoas indicadas no art. 18.º) e se isso foi acompanhado da intenção de causar o prejuízo devido ao atraso ou temerariamente e com conhecimento de que esse prejuízo provavelmente ocorreria[67].

3.9.13. *Perda do direito de invocar os limites de responsabilidade*

No art. 61.º, 1, encontramos a previsão de casos em que não podem ser invocados os limites de responsabilidade: «*Loss of the benefit of limitation of liability* 1. Neither the carrier nor any of the persons referred to in article 18 is entitled to the benefit of the limitation of liability as provided in article 59, or as provided in the contract of carriage, if the claimant proves that the loss resulting from the breach of the carrier's obligation under this Convention was attributable to a personal act or omission of the person claiming a right to limit done with the intent to cause such loss or recklessly and with knowledge that such loss would probably result».

Por sua vez, o n.º 2 tem o seguinte teor: «Neither the carrier nor any of the persons mentioned in article 18 is entitled to

---

[66] Nesse sentido, YUZHUO SI/PING GUO, «Limits of liability», cit., p. 261.

[67] «Neither the carrier nor any of the persons mentioned in article 18 is entitled to the benefit of the limitation of liability as provided in article 60 if the claimant proves that the delay in delivery resulted from a personal act or omission of the person claiming a right to limit done with the intent to cause the loss due to delay or recklessly and with knowledge that such loss would probably result».

the benefit of the limitation of liability as provided in article 60 if the claimant proves that the delay in delivery resulted from a personal act or omission of the person claiming a right to limit done with the intent to cause the loss due to delay or recklessly and with knowledge that such loss would probably result».

Assim, nas situações em causa a limitação não pode ser invocada se o prejuízo (*loss, préjudice*) foi devido a ato ou omissão pessoal (de quem invoca o limite) com a intenção de causar esse prejuízo ou de forma temerária e com conhecimento de que esse prejuízo provavelmente ocorreria.

3.10. *Responsabilidade do subtransportador*

Por vezes, o transportador necessita de recorrer a um subtransportador para cumprir com as suas obrigações contratuais. As Regras de Haia não dão resposta à pergunta sobre o regime da responsabilidade do subtransportador.

As Regras de Roterdão permitem abranger o subtransportador nas *maritime performing parties*. E isto não apenas quanto à responsabilidade por perda, dano ou atraso mas também relativamente à responsabilidade por violação de outras obrigações e a favor de outras pessoas que não apenas o carregador.

3.11. *Responsabilidade do carregador*

No que diz respeito à responsabilidade do carregador, as Regras de Haia dão-lhe pouca atenção. Ainda assim, trata-se de matéria que é visada pelos arts. 3.º, 5, 4.º, 3, 4.º, 6.

A Convenção de Roterdão adota uma perspetiva diferente, dedicando um capítulo completo ao tema, com uma disciplina ampla e articulada[68]. E isto tem sido destacado como algo que

---

[68] FRANCESCO BERLINGIERI/STEFANO ZUNARELLI/CHIARA ALVISI, «La nuova Convenzione UNCITRAL sul Transporto Internazionale di mercy "wholly or partly by sea" (Regole di Rotterdam)», cit., p. 1182.

é importante para o cálculo dos custos da atividade, coisa que interessa ao setor segurador.

Começando pelos deveres do carregador, vemos que os arts. 27.º e ss. contêm soluções clarificadoras. Resulta logo do art. 27.º, 1 que o carregador deve entregar as mercadorias prontas para o transporte. Nos arts. 28.º, 29.º, 31.º e 32.º são estabelecidos deveres de cooperação e informação, especialmente importantes para a emissão dos documentos de transporte e documentos eletrónicos de transporte.

No que diz respeito diretamente ao regime de responsabilidade do carregador, o art. 30.º estabelece como regra que o carregador «is liable for loss or damage sustained by the carrier if the carrier proves that such loss or damage was caused by a breach of the shipper's obligations under this Convention».

Estranhamente, o preceito apenas faz menção à responsabilidade por perda ou dano, não referindo os casos em que tem lugar um atraso. Mas isso não parece significar que aí o carregador não possa ser responsabilizado[69].

A responsabilidade do carregador em regra baseia-se na culpa. Isso é o que se retira da segunda parte do art. 30.º, 2[70], visto que não responderá se não tiver culpa, nos termos ali previstos.

Uma nota também acerca dos termos em que surge regulada a responsabilidade do carregador documentário no art. 33.º. Quem carrega de facto pode não ser o carregador contratual, ou seja, o que celebrou o contrato com o transportador.

---

[69] JOHAN SCHELI, «Obligations of the shipper to the carrier», *The Rotterdam Rules*, ed. Alexander von Ziegler/Johan Schelin/Stefano Zunarelli, Wolters Kluwer, Austin-Boston-Chicago-New York-The Netherlands, 2010, p. 156.

[70] «Except in respect of loss or damage caused by a breach by the shipper of its obligations pursuant to articles 31, paragraph 2, and 32, the shipper is relieved of all or part of its liability if the cause or one of the causes of the loss or damage is not attributable to its fault or to the fault of any person referred to in article 34». Cfr. tb., sobre o tema, o art. 4.º, 3, das Regras de Haia.

Segundo o art. 33.º, o carregador documentário tem as mesmas obrigações e responsabilidades, mas também os mesmos direitos e meios de defesa, que cabem ao carregador. É, obviamente, arriscado para aquele, mas se não deu consentimento para inclusão do nome no documento não será responsável. O que se disse não afasta, nomeadamente, as obrigações e responsabilidade do carregador.

Uma nota ainda para salientar que também o carregador pode ser responsabilizado por atos de outras pessoas. Assim, de acordo com o art. 34.º, « The shipper is liable for the breach of its obligations under this Convention caused by the acts or omissions of any person, including employees, agents and subcontractors, to which it has entrusted the performance of any of its obligations, but the shipper is not liable for acts or omissions of the carrier or a performing party acting on behalf of the carrier, to which the shipper has entrusted the performance of its obligations.

3.12. *Documentos*

A Convenção de Bruxelas de 1924 aplica-se se houve emissão de um conhecimento de carga ou documento similar. E isso mesmo que a emissão ocorra em virtude de uma carta partida se isso se verifica nos termos do art. 1.º, b).

As vantagens do conhecimento na definição dos direitos do destinatário são evidentes. Claro que o contrato de transporte pode existir sem o conhecimento. Mas sem conhecimento a Convenção de Bruxelas não se aplica, a não ser dentro dos limites de admissibilidade da cláusula *Paramount*. O conhecimento desempenha uma função de prova (do contrato, das condições da mercadoria) muito útil[71]. Além disso, tem sido reconhecida a esse conhecimento a natureza de título de crédito, sendo trans-

---

[71] Dispõe o art. 3.º, 4, que o conhecimento emitido nos termos do n.º 3 «constituirá presunção, salvo a prova em contrário, da recepção pelo armador

missível e permitindo que o possuidor exija as mercadorias no destino.

A Convenção de Roterdão contém significativas diferenças relativamente ao regime de Haia. Antes de mais, porque faz a distinção entre documentos de transporte e documentos eletrónicos de transporte. Ambos podem ser negociáveis ou não. Claro que o conhecimento de carga é abrangido pela referência a documentos de transporte negociáveis[72].

Os documentos negociáveis incluem a expressão à ordem, negociáveis ou equivalente (1.º, 15), podendo ser ao portador (*to bearer*). Mas, se por lapso o conhecimento de carga não contiver uma dessas expressões, isso pode afastá-lo do âmbito dos documentos negociáveis. E isso é negativo do ponto de vista prático[73]. Daí que parte da doutrina tenha defendido que basta que a negociabilidade resulte do «complessivo contesto del documento»[74].

A Convenção de Roterdão reconhece inclusivamente os *straight bills of lading*: «non-negotiable transport documents that indicate that they must be surrendered in order to obtain delivery of the goods».

---

das mercadorias tais como foram descritas conforme o § 3, alíneas *a*), *b*) e *c*)».

[72] A prática tem vindo a pôr de lado o uso de conhecimentos de carga. Em certos tipos de transporte, são mais usados os *sea-waybills*: TOMOTAKA FUJITA, «Transport documents and electronic transport records», *The Rotterdam Rules*, ed. Alexander von Ziegler/Johan Schelin/Stefano Zunarelli, Wolters Kluwer, Austin-Boston-Chicago-New York-The Netherlands, 2010, p. 164. Sobre os *sea-waybills*, cfr. tb. MÁRIO RAPOSO, «Sobre o contrato de transporte de mercadorias por mar», cit., p. 32 e s..

[73] ANTHONY DIAMOND, «The next sea carriage Convention», LMCLM, May 2008, p. 163, considerava por isso mais pragmáticas as Regras de Haia e as de Hamburgo.

[74] FRANCESCO BERLINGIERI/STEFANO ZUNARELLI/CHIARA ALVISI, «La nuova Convenzione UNCITRAL sul Transporto Internazionale di mercy "wholly or partly by sea" (Regole di Rotterdam)», p. 1185.

Em princípio, e sempre tendo em conta também os acordos, costumes, usos ou práticas existentes, o carregador pode escolher qual é o documento que lhe vai ser entregue. É o que resulta do art. 35.º:
«Unless the shipper and the carrier have agreed not to use a transport document or an electronic transport record, or it is the custom, usage or practice of the trade not to use one, upon delivery of the goods for carriage to the carrier or performing party, the shipper or, if the shipper consents, the documentary shipper, is entitled to obtain from the carrier, at the shipper's option [...]».

Os documentos eletrónicos negociáveis não deixam de constituir um problema. O conhecimento de carga em papel serve de recibo, de meio de prova do contrato, e também para transmissão das mercadorias. O documento eletrónico é acompanhado de dificuldades que resultam da necessidade de segurança quanto à posse exclusiva do documento[75].

Os documentos de transporte e os documentos eletrónicos de transporte devem conter vários elementos. No art. 36.º encontramos uma lista mais extensa do que a constante das Regras de Haia. Esses elementos têm especial importância no que diz respeito ao estado das mercadorias carregadas. Nesses documentos haverá uma descrição das mercadorias «as appropriate for transport»[76] (algo que não encontrávamos nas Regras de Haia mas que já era mencionado na Convenção de Hamburgo),

---

[75] Também são salientados problemas que resultam da falta de confiança, dos eventuais conflitos com leis nacionais e da falta de regulamentação legal. Sobre isto, JOSÉ ANGELO ESTRELLA FARIA, «Electronic Transport Records», *The Rotterdam Rulles*, ed. Alexander von Ziegler/Johan Schelin/ /Stefano Zunarelli, Wolters Kluwer, Austin-Boston-Chicago-New York-The Netherlands, 2010, p. 64.

[76] A descrição deve conter os elementos relevantes, incluindo a informação necessária para o cumprimento de formalidades alfandegárias ou por questões de segurança.

a referência a marcas, ao número de embalagens, unidades ou as quantidades, o peso, se fornecido pelo carregador, uma indicação do estado e condição aparentes das mercadorias na receção.

A Convenção de Roterdão define o que significa indicar o estado e condição aparentes da mercadoria. Para essa indicação, o que conta é uma inspeção externa razoável da mercadoria embalada na altura da entrega pelo carregador ao transportador ou a uma *performing party*, e qualquer inspeção adicional antes da emissão do documento.

Se faltarem elementos sobre o estado e condição aparentes da mercadoria na altura da receção, presume-se que estava em bom estado e boa condição aparentes (art. 39.º, 3). Logo, se o transportador recebe mercadorias que não estavam em bom estado e boa condição aparentes tem de fazer constar isso mesmo do documento.

Chama-se a atenção para o facto de muitos elementos constantes do documento de transporte serem fornecidos pelo carregador, que garante a exatidão das informações que entrega.

Um aspeto que também deve ser referido é o que diz respeito à identificação do transportador. O regime de Haia pode conduzir a dificuldades na identificação de quem é o responsável pelo transporte e entrega. Se quem assina o conhecimento é o capitão, tem sido sublinhado que pode tornar-se difícil saber em nome de quem atua.

O problema na identificação do transportador será menor com as regras do art. 37.º das Regras de Roterdão. O que conta, em primeiro lugar, é a identificação do transportador que consta do documento de transporte, ainda que eletrónico. Evita-se assim algo que tem surgido na prática: cláusulas dizendo que o sujeito indicado como transportador é apenas agente do armador[77].

---

[77] Cfr. Francesco Berlingieri/Stefano Zunarelli/Chiara Alvisi, «La nuova Convenzione UNCITRAL sul Transporto Internazionale di mercy "wholly or partly by sea" (Regole di Rotterdam)», p. 1188.

A falta de identificação do transportador aumenta a importância das indicações quanto ao navio em que as mercadorias foram carregadas. Isto porque nesse caso presume-se que o proprietário registado é o carregador. É certo que essa presunção pode ser afastada, mas apenas dentro de certos limites. Sendo ilidida a presunção, a Convenção contém regras especiais quanto ao prazo para intentar a ação[78].

3.13. *As reservas e reclamações*

De acordo com as Regras de Haia, o conhecimento «constituirá presunção, salvo a prova em contrário, da recepção pelo armador das mercadorias tais como foram descritas conforme o § 3, alíneas a), b) e c)». E justamente um dos elementos que deve constar do conhecimento é o relativo ao «estado e o acondicionamento aparentes das mercadorias». Um conhecimento limpo pode causar alguns dissabores ao comprador das mercadorias.

O art. 3.º, 3, *in fine*, estabelece que o armador, capitão ou agente do armador não é obrigado a declarar ou mencionar, no conhecimento, marcas, número, quantidade ou peso que, por motivos sérios, suspeite não representarem exatamente as mercadorias por ele recebidas, ou que por meios suficientes não pôde verificar. Mas essa é uma norma que muitas vezes é ignorada pela prática, que coloca na mesma as menções, com reservas[79].

---

[78] Art. 65.º: «An action against the bareboat charterer or the person identified as the carrier pursuant to article 37, paragraph 2, may be instituted after the expiration of the period provided in article 62 if the action is instituted within the later of: (a) The time allowed by the applicable law in the jurisdiction where proceedings are instituted; or (b) Ninety days commencing from the day when the carrier has been identified, or the registered owner or bareboat charterer has rebutted the presumption that it is the carrier, pursuant to article 37, paragraph 2».

[79] FRANCESCO BERLINGIERI/STEFANO ZUNARELLI/CHIARA ALVISI, «La nuova Convenzione UNCITRAL sul Transporto Internazionale di mercy "wholly or partly by sea" (Regole di Rotterdam)», cit., p. 1190.

A Convenção de Roterdão contém no art. 40.º algumas regras importantes relativamente às reservas a colocar no documento de transporte ou no documento eletrónico de transporte. Saliente-se em primeiro lugar a distinção entre reservas que devem ser colocadas e as que podem ser colocadas.

As que *devem* ser colocadas vêm mencionadas no art. 40.º, 1, e dizem respeito às informações referidas no art. 36.º, 1, relativas à descrição da mercadoria, às marcas necessárias para identificação das mercadorias, ao número de embalagens, unidades ou à quantidade da mercadoria, ao peso das mercadorias: «The carrier shall qualify the information referred to in article 36, paragraph 1, to indicate that the carrier does not assume responsibility for the accuracy of the information furnished by the shipper if: (a) The carrier has actual knowledge that any material statement in the transport document or electronic transport record is false or misleading; or (b) The carrier has reasonable grounds to believe that a material statement in the transport document or electronic transport record is false or misleading». Assim, o transportador deve formular reservas se tem conhecimento de que a indicação é falsa ou enganosa ou se tem motivos razoáveis para pensar dessa forma[80].

---

[80] No entanto, por vezes o carregador aceita emitir o conhecimento de carga sem reservas e exige uma *letter of indemnity*. Sobre isto, cfr. o art. 17.º, 2, 3 e 4 da Convenção de Hamburgo: «2. Any letter of guarantee or agreement by which the shipper undertakes to indemnify the carrier against loss resulting from the issuance of the bill of lading by the carrier, or by a person acting on his behalf, without entering a reservation relating to particulars furnished by the shipper for insertion in the bill of lading, or to the apparent condition of the goods, is void and of no effect as against any third party, including a consignee, to whom the bill of lading has been transferred. 3. Such letter of guarantee or agreement is valid as against the shipper unless the carrier or the person acting on his behalf, by omitting the reservation referred to in paragraph 2 of this article, intends to defraud a third party, including a consignee, who acts in reliance on the description of the goods in the bill of lading. In the latter case, if the reservation omitted relates to particulars furnished by the shipper for insertion in the bill of lading, the carrier has no

Temos depois as reservas que *podem* ser colocadas.

Se o transportador não tem conhecimento de que a indicação relativa aos elementos mencionados no art. 36.º, 1, é falsa ou enganosa nem motivos razoáveis para assim pensar, há que distinguir.

a) As mercadorias não foram entregues em contentor ou veículo fechado, ou foram mas houve inspeção pelo transportador ou parte executante;

b) As mercadorias foram entregues em contentor ou veículo fechado.

Se as mercadorias não foram entregues em contentor ou veículo fechado, ou foram mas houve inspeção pelo transportador ou parte executante, as reservas podem ser colocadas quanto a informações mencionadas no art. 36.º, 1, se o transportador não teve meios fisicamente praticáveis ou comercialmente razoáveis de verificar a informação fornecida pelo carregador, podendo indicar qual é que não lhe foi possível verificar[81], ou se o transpor-

---

right of indemnity from the shipper pursuant to paragraph 1 of this article. 4. In the caseof intended fraud referred to in paragraph 3 of this article, the carrier is liable, without the benefit of the limitation of liability provided for in this Convention, for the loss incurred by a third party, including a consignee, because he has acted in reliance on the description of the goods in the bill of lading». Quanto às cartas de garantia, leia-se MÁRIO RAPOSO, «As cartas de garantia e o seguro marítimo», Sc. Iur., XX, Set-Dez, 1971, p. 504 e ss., e «Sobre o contrato de transporte de mercadorias por mar», cit., p. 33 e ss..

[81] «3. When the goods are not delivered for carriage to the carrier or a performing party in a closed container or vehicle, or when they are delivered in a closed container or vehicle and the carrier or a performing party actually inspects them, the carrier may qualify the information referred to in article 36, paragraph 1, if: (a) The carrier had no physically practicable or commercially reasonable means of checking the information furnished by the shipper, in which case it may indicate which information it was unable to check; or (b) The carrier has reasonable grounds to believe the information furnished by the shipper to be inaccurate, in which case it may include a clause providing what it reasonably considers accurate information».

tador tem fundamentos razoáveis para acreditar que a informação fornecida pelo carregador não é exata, podendo nesse caso incluir uma cláusula fornecendo o que considera informação exata.

Se as mercadorias foram entregues em contentor ou veículo fechado e o transportador ou a parte executante não pôde verificar, o transportador pode colocar reservas quanto a certas informações (descrição, marcas, número, quantidade) se não tem efetivo conhecimento, antes da emissão do documento, do conteúdo do contentor ou veículo. Quanto ao peso, pode colocar reservas se não pesou e não houve acordo entre o carregador e o transportador, antes da expedição, que seria pesado e que o peso seria incluído no documento[82]. O transportador também pode colocar reservas quanto ao peso se não havia meios fisicamente praticáveis ou comercialmente razoáveis para verificar o peso. Isto ainda que tivesse havido acordo no sentido de ser feita a pesagem pelo transportador. Mas, então, terá de fazer prova de que a impossibilidade de pesagem era imprevisível no momento daquele acordo[83]. A reserva afasta certos efeitos probatórios do

---

[82] «4. When the goods are delivered for carriage to the carrier or a performing party in a closed container or vehicle, the carrier may qualify the information referred to in: (a) Article 36, subparagraphs 1 (a), (b), or (c), if: (i) The goods inside the container or vehicle have not actually been inspected by the carrier or a performing party; and (ii) Neither the carrier nor a performing party otherwise has actual knowledge of its contents before issuing the transport document or the electronic transport record; and (b) Article 36, subparagraph 1 (d), if: (i) Neither the carrier nor a performing party weighed the container or vehicle, and the shipper and the carrier had not agreed prior to the shipment that the container or vehicle would be weighed and the weight would be included in the contract particulars; or (ii) There was no physically practicable or commercially reasonable means of checking the weight of the container or vehicle».

[83] FRANCESCO BERLINGIERI/STEFANO ZUNARELLI/CHIARA ALVISI, «La nuova Convenzione UNCITRAL sul Transporto Internazionale di mercy "wholly or partly by sea" (Regole di Rotterdam)», cit., p. 1192.

documento de transporte, eletrónico ou não. Se o carregador faz incluir no documento informação sobre o número de certos objetos no contentor, o transportador pode incluir uma reserva indicando que não sabe qual o conteúdo do contentor. Nesse caso o documento não faz prova de que o contentor tinha aquele número.

Se o documento de transporte não contém qualquer reserva (ou reserva válida), os efeitos probatórios do documento são importantes[84]. Podemos assim falar de: uma presunção ilidível de que a mercadoria foi recebida pelo transportador nos termos do documento; uma presunção inilidível perante terceiros de boa fé a quem o documento foi transmitido quanto a certos elementos que constem de um documento negociável; uma presunção inilidível perante destinatário de boa fé a quem o documento foi entregue quanto a certos elementos que constem de um documento não negociável que indique que deve ser restituído para se realizar a entrega da mercadoria; uma presunção inilidível perante

---

[84] Cfr. o art. 41.º (*Evidentiary effect of the contract particulars*): «Except to the extent that the contract particulars have been qualified in the circumstances and in the manner set out in article 40: (*a*) A transport document or an electronic transport record is prima facie evidence of the carrier's receipt of the goods as stated in the contract particulars; (*b*) Proof to the contrary by the carrier in respect of any contract particulars shall not be admissible, when such contract particulars are included in: (i) A negotiable transport document or a negotiable electronic transport record that is transferred to a third party acting in good faith; or (ii) A non-negotiable transport document that indicates that it must be surrendered in order to obtain delivery of the goods and is transferred to the consignee acting in good faith; (*c*) Proof to the contrary by the carrier shall not be admissible against a consignee that in good faith has acted in reliance on any of the following contract particulars included in a non-negotiable transport document or a non negotiable electronic transport record: (i) The contract particulars referred to in article 36, paragraph 1, when such contract particulars are furnished by the carrier; (ii) The number, type and identifying numbers of the containers, but not the identifying numbers of the container seals; and (iii) The contract particulars referred to in article 36, paragraph 2».

destinatário de boa fé quanto a certos elementos que constem de documento não negociável nos quais o destinatário confiou ao atuar[85].

3.14. *Os direitos quanto a mercadoria em trânsito*

As Regras de Haia nada parecem conter acerca dos direitos quanto a mercadorias em trânsito.

Pelo contrário, a Convenção de Roterdão regula a matéria apelando à figura da *controlling party*, isto é, aquela que tem o *right of control*. Nela é estabelecido um conjunto de direitos que a *controlling party* pode exercer de forma unilateral relativamente às mercadorias transportadas, embora com certos limites.

Os direitos podem dizer respeito à temperatura a que estão as mercadorias, à contra-ordem, com limites, quanto ao porto onde serão entregues e quanto ao local durante o eventual percurso por estrada, ou até quanto ao destinatário.

Relativamente ao local de entrega, o art. 50.º, 1, b) distingue entre a entrega num «scheduled port of call» e «any place en route».

Claro que a Convenção regula não apenas as obrigações do transportador perante o exercício daquele direito de controlo, como também os direitos.

A Convenção identifica quem deve ser considerada *controlling party* consoante houve ou não emissão de documento de transporte ou foi emitido um não negociável. Se não houve emissão de documento de transporte, a *controlling party* pode até indicar «another person»: art. 51.º, 1, a).

A Convenção de Roterdão contém um regime para a transmissão do *right of control*. Uma das normas é particularmente perigosa. Com efeito, no caso de ter havido emissão de docu-

---

[85] Cfr. tb., sobre o tema, o art. 16.º, 3, da Convenção de Hamburgo.

mento de transporte negociável em várias vias, todos os originais devem ser transmitidos para que haja transmissão do *right of control*. E todos os originais devem ser exibidos para que o *right of control* possa ser exercido. Mas, se apenas é transmitido um ou alguns dos originais, ninguém tem o *right of control*[86].

3.15. *Direitos e obrigações do transportador à chegada ao destino*

No que diz respeito aos direitos e obrigações do transportador à chegada ao destino, as Regras de Haia não contêm soluções abundantes. Mesmo quanto à entrega aquelas Regras deixam dúvidas sobre a sua aplicabilidade a falhas por parte do transportador[87], embora a hipótese talvez possa ser abrangida pelo art. 3.º, 2. Além disso, o art. 7.º abre a possibilidade de ser excluída a responsabilidade do transportador após a descarga.

Já a Convenção de Roterdão trata dos direitos e obrigações do transportador à chegada ao destino com algum pormenor. Quanto à entrega, não a define. Mas essa entrega parece ter como consequência a transferência de responsabilidade pelas mercadorias[88]. Pelo menos é o que parece retirar-se dos arts. 12.º, 2, 3, e 48.º.

A Convenção de Roterdão regula a entrega nos arts. 43.º-49.º, abordando temas como a obrigação de receber, a recusa de entrega, ou a impossibilidade de realizar a entrega.

---

[86] Chamando a atenção para isto mesmo, FRANCESCO BERLINGIERI/STEFANO ZUNARELLI/CHIARA ALVISI, «La nuova Convenzione UNCITRAL sul Transporto Internazionale di mercy "wholly or partly by sea" (Regole di Rotterdam)», cit., p. 1203.

[87] GERTJAN VAN DER ZIEL, «Delivery of the goods», *The Rotterdam Rules*, ed. Alexander von Ziegler/Johan Schelin/Stefano Zunarelli, Wolters Kluwer, Austin-Boston-Chicago-New York-The Netherlands, 2010, p. 189.

[88] GERTJAN VAN DER ZIEL, «Delivery of the goods», cit., p. 191.

Preocupa-se com o tema em função do documento de transporte que foi emitido.

No art. 47.º, 2, surge tratado o problema da não disponibilidade de documento negociável por parte do destinatário das mercadorias. Trata-se de matéria que tem dado lugar a algumas decisões judiciais. Mas, diga-se em boa verdade, a solução é por vezes pouco clara. Por sua vez, o art. 48.º contém um regime pormenorizado para os casos em que é impossível realizar a entrega.

3.16. *Prazo para intentar ações*

As Regras de Haia estabelecem no art. 3.º, 6, um prazo de um ano após entrega ou após data em que deveria ter ocorrido entrega para se intentar a ação de indemnização[89]. Trata-se de um prazo de caducidade que, tendo em conta o art. 3.º, 8, pode ser prorrogado mas não encurtado.

Por sua vez, o art. 62.º da Convenção de Roterdão determina que a violação de obrigações estabelecidas na Convenção não pode dar lugar a ações depois de decorridos dois anos a contar da entrega ou do último dia em que deveria ter sido feita a entrega. Esse prazo no entanto não vale para a invocação desses mesmos direitos a título de exceção ou compensação.

Tendo em conta que o art. 62.º não distingue, o prazo vale para ações contra o transportador, o carregador ou uma *performing party*. O responsável pode alargar o prazo e em certos casos a própria Convenção o prevê.

---

[89] No sentido de que o prazo do art. 3.º, 6, só vale para a ação de indemnização, não para se exigir a entrega em espécie, cfr. o Ac. STJ, 19/4/1979, BMJ, 286, p. 242; convergentemente, MÁRIO RAPOSO, «Sobre o contrato de transporte de mercadorias por mar», BMJ, 376.º, p. 14.

3.17. Jurisdição

As Regras de Haia nada contêm sobre a competência internacional dos tribunais nacionais.

Já a Convenção de Roterdão prevê no seu art. 74.º um regime opcional (*opt in*) para os Estados Contratantes. Vejamos qual é ele.

De acordo com o art. 66.º, o contrato de transporte pode fixar o tribunal competente. Se assim não acontecer, a Convenção abre alternativas para o demandante que queira iniciar uma ação judicial contra o transportador.

Assim, o demandante pode escolher o tribunal competente da jurisdição onde se situe um dos seguintes lugares: o domicílio do transportador; o local de receção combinado no contrato de transporte; o local de entrega combinado no contrato de transporte; o porto onde as mercadorias são inicialmente carregadas num navio ou o porto onde as mercadorias são finalmente descarregadas do navio.

O demandante pode intentar a ação em tribunal ou tribunais designados em acordo entre carregador e transportador para decidir questões contra o transportador que possam resultar da Convenção. No entanto, o acordo ficará sujeito ao disposto no art. 67.º se com ele se pretende atribuir competência exclusiva ao tribunal escolhido[90]. E para isso deve ser um contrato que

---

[90] «*Article 67 Choice of court agreements* 1. The jurisdiction of a court chosen in accordance with article 66, subparagraph (*b*), is exclusive for disputes between the parties to the contract only if the parties so agree and the agreement conferring jurisdiction: (*a*) Is contained in a volume contract that clearly states the names and addresses of the parties and either (i) is individually negotiated or (ii) contains a prominent statement that there is an exclusive choice of court agreement and specifies the sections of the volume contract containing that agreement; and (*b*) Clearly designates the courts of one Contracting State or one or more specific courts of one Contracting State. 2. A person that is not a party to the volume contract is bound by an exclusive choice of court agreement concluded in accordance with paragraph 1 of this

possa ser considerado um *volume contract*. Nesses casos, pode até ter eficácia em relação a certos terceiros se verificados certos pressupostos.

Claro que tudo isto deve ser lido tendo em conta que o art. 1.º, 30, define tribunal competente como algum situado num Estado contratante, de acordo com as respetivas regras internas de competência[91].

Por sua vez, o art. 68.º prevê quais são os tribunais competentes para apreciarem uma ação contra *maritime performing parties*[92].

3.18. *Arbitragem*

As Regras de Haia não limitavam a escolha do local de arbitragem.

A Convenção de Roterdão escolheu um outro caminho, embora também opcional (*opt in*) para os Estados Contratantes (art. 78.º). A Convenção de Roterdão limita a liberdade de

---

article only if: (*a*) The court is in one of the places designated in article 66, subparagraph (*a*); (*b*) That agreement is contained in the transport document or electronic transport record; (*c*) That person is given timely and adequate notice of the court where the action shall be brought and that the jurisdiction of that court is exclusive; and (*d*) The law of the court seized recognizes that that person may be bound by the exclusive choice of court agreement».

[91] «30. "Competent court" means a court in a Contracting State that, according to the rules on the internal allocation of jurisdiction among the courts of that State, may exercise jurisdiction over the dispute».

[92] «The plaintiff has the right to institute judicial proceedings under this Convention against the maritime performing party in a competent court within the jurisdiction of which is situated one of the following places: (*a*) The domicile of the maritime performing party; or (*b*) The port where the goods are received by the maritime performing party, the port where the goods are delivered by the maritime performing party or the port in which the maritime performing party performs its activities with respect to the goods».

escolha das partes, mas com o objetivo de evitar prejuízos para a parte mais fraca. Claro que isso tem um risco: pode levar a que os transportadores não incluam uma cláusula de arbitragem no contrato de transporte para evitarem as opções fixadas na Convenção[93].

Em certos casos, a Convenção de Roterdão estende a eficácia da cláusula de arbitragem a terceiros.

É, por isso, um regime que envolve alguns perigos.

3.19. *Liberdade contratual*

As Regras de Haia limitavam bastante a liberdade contratual, como se extrai dos arts. 3.º, 8, e 6.º[94].

Por seu lado, a Convenção de Roterdão, se reconhece alguma liberdade na definição do conteúdo contratual, contém condições e limites.

Como regra, o art. 79.º, 1, sanciona com a nulidade («is void») as cláusulas do contrato de transporte que afastem ou limitem as obrigações e a responsabilidade do transportador ou de uma *maritime performing party*. A nulidade já não abrange as cláusulas que aumentam as obrigações e a responsabilidade.

A mesma sanção afeta, em regra mais uma vez, as cláusulas que excluam, limitem ou aumentem obrigações e responsabilidade que resultem da Convenção para o carregador, destinatário, parte controladora, portador ou carregador documentário: cfr. o art. 79.º, 2[95].

---

[93] CHESTER D. HOOPER, «Arbitration», *The Rotterdam Rules*, ed. Alexander von Ziegler/Johan Schelin/Stefano Zunarelli, Wolters Kluwer, Austin--Boston-Chicago-New York-The Netherlands, 2010, p. 326.

[94] Embora só seja imperativa «no perímetro de imperatividade que ela própria estabelece»: MANUEL JANUÁRIO DA COSTA GOMES, «Introdução às Regras de Roterdão – A Convenção "Marítima-Plus" sobre transporte internacional de mercadorias», cit., p. 45.

[95] «1. Unless otherwise provided in this Convention, any term in a contract of carriage is void to the extent that it: (a) Directly or indirectly excludes

No art. 80.º encontramos um regime especial para os contratos de volume[96]. Para estes, existe liberdade contratual quanto a direitos, obrigações e responsabilidades, embora com limites (como se pode ver no n.º 4[97]). O próprio conteúdo do contrato pode ser oponível a terceiros, embora nos termos do n.º 5.

---

or limits the obligations of the carrier or a maritime performing party under this Convention; (b) Directly or indirectly excludes or limits the liability of the carrier or a maritime performing party for breach of an obligation under this Convention; or (c) Assigns a benefit of insurance of the goods in favour of the carrier or a person referred to in article 18. 2. Unless otherwise provided in this Convention, any term in a contract of carriage is void to the extent that it: (a) Directly or indirectly excludes, limits or increases the obligations under this Convention of the shipper, consignee, controlling party, holder or documentary shipper; or (b) Directly or indirectly excludes, limits or increases the liability of the shipper, consignee, controlling party, holder or dcumentary shipper for breach of any of its obligations under this Convention».

[96] Cfr. o art. 1.º, 2: «"Volume contract" means a contract of carriage that provides for the carriage of a specified quantity of goods in a series of shipments during an agreed period of time. The specification of the quantity may include a minimum, a maximum or a certain range.

[97] «1. Notwithstanding article 79, as between the carrier and the shipper, a volume contract to which this Convention applies may provide for greater or lesser rights, obligations and liabilities than those imposed by this Convention. 2. A derogation pursuant to paragraph 1 of this article is binding only when: (a) The volume contract contains a prominent statement that it derogates from this Convention; (b) The volume contract is (i) individually negotiated or (ii) prominently specifies the sections of the volume contract containing the derogations; (c) The shipper is given an opportunity and notice of the opportunity to conclude a contract of carriage on terms and conditions that comply with this Convention without any derogation under this article; and (d) The derogation is neither (i) incorporated by reference from another document nor (ii) included in a contract of adhesion that is not subject to negotiation. 3. A carrier's public schedule of prices and services, transport document, electronic transport record or similar document is not a volume contract pursuant to paragraph 1 of this article, but a volume contract may incorporate such documents by reference as terms of the contract. 4. Paragraph 1 of this article does not apply to rights and obligations provided in articles 14, subparagraphs (a) and (b), 29 and 32 or to liability arising from the breach thereof,

Esta relação entre os arts. 79.º e 80.º foi conseguida após longos debates e foi um dos aspetos que atrasou a obtenção de um texto final[98].

3.20. *Animais vivos e transportes especiais*

A Convenção de Bruxelas de 1924 excluía do seu âmbito de aplicação o transporte de animais vivos[99]. O mesmo não acontece com a Convenção de Roterdão, cujo art. 81.º prevê esse transporte, admitindo uma ampla liberdade contratual quanto a obrigações e responsabilidade, embora com limites[100].

---

nor does it apply to any liability arising from an act or omission referred to in article 61. 5. The terms of the volume contract that derogate from this Convention, if the volume contract satisfies the requirements of paragraph 2 of this article, apply between the carrier and any person other than the shipper provided that: (a) Such person received information that prominently states that the volume contract derogates from this Convention and gave its express consent to be bound by such derogations; and (b) Such consent is not solely set forth in a carrier's public schedule of prices and services, transport document or electronic transport record. 6. The party claiming the benefit of the derogation bears the burden of proof that the conditions for derogation have been fulfilled».

[98] RAFAEL ILLESCAS ORTIZ, «Conclusion», *The Rotterdam Rules*, ed. Alexander von Ziegler/Johan Schelin/Stefano Zunarelli, Wolters Kluwer, Austin-Boston-Chicago-New York-The Netherlands, 2010, p. 373.

[99] Cfr. o art. 1.º, c).

[100] «Notwithstanding article 79 and without prejudice to article 80, the contract of carriage may exclude or limit the obligations or the liability of both the carrier and a maritime performing party if: (*a*) The goods are live animals, but any such exclusion or limitation will not be effective if the claimant proves that the loss of or damage to the goods, or delay in delivery, resulted from an act or omission of the carrier or of a person referred to in article 18, done with the intent to cause such loss of or damage to the goods or such loss due to delay or done recklessly and with knowledge that such loss or damage or such loss due to delay would probably result; or (b) The character or condition of the goods or the circumstances and terms and conditions

O mesmo art. 81.º dispõe também para transportes que digam respeito a certas mercadorias com características ou condições especiais ou em circunstâncias, termos e condições especiais. Será o caso de mercadorias muito pesadas ou difíceis de manusear. Mais uma vez fica consagrada alguma liberdade contratual quanto a obrigações e responsabilidade, embora mais uma vez com limites.

3.21. *Relação com outras convenções*

O art. 82.º da Convenção de Roterdão é talvez uma das normas que maior importância terá para o sucesso destas Regras. Sobretudo pelo facto de esta Convenção não ser inteiramente multimodal. O art. 82.º não afasta a aplicação de algumas convenções unimodais que regulam a responsabilidade do transportador por perda ou dano causado às mercadorias[101]. Convenções

---

under which the carriage is to be performed are such as reasonably to justify a special agreement, provided that such contract of carriage is not related to ordinary commercial shipments made in the ordinary course of trade and that no negotiable transport document or negotiable electronic transport record is issued for the carriage of the goods».

[101] «*Article 82. International conventions governing the carriage of goods by other modes of transport*. Nothing in this Convention affects the application of any of the following international conventions in force at the time this Convention enters into force, including any future amendment to such conventions, that regulate the liability of the carrier for loss of or damage to the goods: (a) Any convention governing the carriage of goods by air to the extent that such convention according to its provisions applies to any part of the contract of carriage; (b) Any convention governing the carriage of goods by road to the extent that such convention according to its provisions applies to the carriage of goods that remain loaded on a road cargo vehicle carried on board a ship; (c) Any convention governing the carriage of goods by rail to the extent that such convention according to its provisions applies to carriage of goods by sea as a supplement to the carriage by rail; or (d) Any convention governing the carriage of goods by inland waterways to the extent that such

como a de Montreal, a CMR, a COTIF/CIM, ficam ressalvadas. É-lhes até dada prevalência, o que tem sido considerado muito *chic*[102].

Existem, é certo, alguns problemas. Assim, desde logo, com a redação da al. b), pois aí apenas é dada prevalência às outras convenções (designadamente à CMR) para o período em que o veículo está «carried on board a ship». E isso faz com que surjam dúvidas quanto ao resto do percurso[103].

A mesma coisa pode ser dita quanto à al. c), mas já não quanto à al. d)[104-105].

Não sendo possível localizar onde ocorreu a perda ou dano, parece que o art. 82.º leva à aplicação das Regras de Roterdão[106].

Se, de acordo com o art. 82.º, a Convenção de Roterdão é aplicável, torna-se necessário recorrer ao art. 26.º para a articulação entre as várias convenções internacionais. Como podem ser usados meios de transporte para além do marítimo, o art. 26.º é muito útil relativamente ao transporte que precede o carregamento no navio ou que sucede à descarga. A solução encontrada foi a de instituir um sistema de rede, ainda que mitigado[107].

---

convention according to its provisions applies to a carriage of goods without trans-shipment both by inland waterways and sea».

[102] MARIAN HOEKS, *Multimodal Transport Law,* cit., p. 393.

[103] Chamando a atenção para isto, MARIAN HOEKS, *Multimodal Transport Law*, cit., p. 395.

[104] Destacando o facto de o art. 82.º nada dizer sobre os contratos de volume, MARIAN HOEKS, *Multimodal Transport Law*, cit., p. 396.

[105] Algumas dificuldades podem ser resolvidas com a própria Convenção de Viena sobre direito dos tratados. Claro, também se pode dizer que até esta pode ser interpretada de diferentes maneiras: cfr., referindo isso mesmo, MARIAN HOEKS, *Multimodal Transport Law*, cit., p. 347.

[106] MARIAN HOEKS, *Multimodal Transport Law*, cit., p. 343.

[107] Cfr. tb., p. ex., MANUEL JANUÁRIO DA COSTA GOMES, «Introdução às Regras de Roterdão – A Convenção "Marítima-Plus" sobre transporte internacional de mercadorias», cit., p. 70.

Para o período entre o momento da carga no navio e o da descarga, as Regras de Roterdão aplicam-se quanto à perda, danos ou circunstância que determinou o atraso.

Para o período anterior à carga e para o posterior à descarga, podem ou não aplicar-se. Como sabemos se se aplicam ou não nesses períodos? É preciso recorrer a uma ficção, procurando ver se haverá uma outra convenção que fosse aplicável quanto à responsabilidade, limites da responsabilidade e prazo para intentar a ação se tivesse sido feito um contrato de transporte apenas para aquele período em que ocorreu a perda, dano ou circunstância que determinou o atraso. Caso essa outra convenção tenha nessas matérias carácter imperativo, na medida em que não pode ser contratualmente afastada ou pelo menos não pode ser afastada quanto à proteção do carregador, as Regras de Roterdão não prevalecem sobre as regras dessa outra convenção.

Não é um regime perfeito, certamente. Mas parece melhor do que aquilo que existe, pois cria *alguma* uniformidade. Contudo, como tem sido salientado, apenas gera alguma uniformidade, e só o consegue para questões relativas à responsabilidade, aos limites da mesma e ao prazo para intentar a ação. Além disso, a uniformidade não é conseguida se por exemplo o dano é causado em mais do que uma fase do transporte[108].

Dos arts. 82.º e 26.º também resulta que a Convenção de Roterdão pode acabar por ser aplicável a fases de execução do contrato que envolvam transporte rodoviário, ferroviário, por águas interiores navegáveis ou aéreo. O que é uma grande diferença em comparação com o regime das Regras de Haia.

---

[108] Chamando a atenção para tudo isto, MARIAN HOEKS, *Multimodal Transport Law*, cit., p. 340-341; a autora acaba por dizer que «Article 26 RR either fails to operate or merely adds to the confusion».

4. O futuro

Não se pode prever se a Convenção chegará a entrar em vigor. Entrará em vigor no primeiro dia do mês seguinte ao decurso de um ano após a data de depósito do vigésimo instrumento de ratificação, aceitação, aprovação ou adesão. Até agora, a Convenção foi assinada por países subdesenvolvidos como a Dinamarca, a França, a Holanda, a Noruega e os Estados Unidos da América. Mas só foi ratificada pela Espanha.

É evidentemente difícil agradar a todos. Na Declaração de Montevideo vemos que muitos países estão contra a Convenção de Roterdão: sobretudo estão contra por causa dos limites de responsabilidade.

Parece mais uma vez estar em curso um confronto entre países subdesenvolvidos ou em desenvolvimento e países desenvolvidos transportadores. Vários outros países consideraram já muito elevados os limites fixados.

Outras dificuldades têm sido apresentadas. A Convenção de Roterdão contém alguns artigos muito longos e de difícil compreensão quando não se estudam os trabalhos preparatórios. É talvez muito extensa e não é totalmente multimodal, o que pode levar alguns Estados a concluir que mais vale esperar. E até se poderá dizer que o mérito de muitas soluções das Regras de Roterdão foi apenas o de permitir a obtenção de um acordo[109].

As Regras de Roterdão estabelecem um regime de rede para as questões de responsabilidade antes do carregamento no navio ou da descarga do navio. Contudo, são complexas. Parecendo estimulantes do ponto de vista académico, levarão algum tempo até serem assimiladas pelos práticos: não os práticos do direito,

---

[109] ANTHONY DIAMOND, «The next sea carriage Convention», LMCLQ, May 2008, p. 153, a propósito de regras sobre atraso na entrega no projeto de fevereiro de 2008.

mas os práticos dos transportes. Permanecem dúvidas quanto ao relacionamento com os atuais regimes unimodais.

Alguém já disse que contém várias soluções academicamente corretas mas a que falta bom senso comercial.

No entanto, o panorama atual, sem Roterdão, está muito longe da perfeição.

Há países que só estão vinculados pela Convenção de Bruxelas de 1924, países que também estão vinculados pelo Protocolo de 1968 mas não pelo de 1979, países que estão vinculados por ambos os Protocolos, países que estão vinculados por algum ou alguns destes textos e ainda pela Convenção de Hamburgo sem terem denunciado a de Bruxelas, países apenas vinculados pela Convenção de Hamburgo. É um quadro de grande harmonia, como se pode ver.

A tudo isto podemos somar o facto de não existir uniformidade na aplicação de cada convenção.

Aliás, a própria Convenção de Bruxelas de 1924 não foi introduzida uniformemente nos vários países por ela vinculados. O Protocolo de Assinatura dessa convenção expressamente estabelece que «As Altas Partes Contratantes poderão pôr em vigor esta Convenção, seja dando-lhe força de lei, seja introduzindo na sua legislação nacional as regras adoptadas pela Convenção sob uma forma apropriada a esta legislação». Na interpretação das Regras de Haia não há sequer uniformidade quanto à questão de saber se são ou não aplicáveis à fase marítima de um contrato de transporte multimodal.

A Convenção de Roterdão é melhor do que a de Haia (que teria de ser denunciada por Portugal para ficar vinculado pela de Roterdão, nos termos do art. 89.º desta última). E muitos dos preceitos que levantam problemas de interpretação dizem respeito a questões demasiado marginais para constituírem obstáculo à entrada em vigor da Convenção.

Perguntar-se-á: como Portugal assinou a convenção que contém as Regras de Hamburgo, não seria preferível ficar apenas vinculado por esta? A verdade, porém, é que as Regras de Hamburgo dão pouca importância ao transporte multimodal.

Atualmente, existe grande confiança depositada pelos práticos nos documentos contratuais uniformes. Por exemplo, nos que seguem as Regras da CCI e da UNCTAD (UNCTAD/ICC Rules for multimodal transport documents, www.forwarderlaw.com). Mas nem esses garantem tudo, pois não é por exemplo claro se são conhecimentos de carga ou documentos similares.

De qualquer modo, temos uma boa notícia que deixa alguma esperança: em julho de 2011, um outro país subdesenvolvido, a Suécia, assinou as Regras de Roterdão.

E as próprias Regras de Hamburgo, de 1978, demoraram 14 anos a entrar em vigor. A ratificação do vigésimo Estado ocorreu em 1/11/1992. Acima de tudo, o que desejo é que todos estejamos nesta sala em 2022 a discutir novamente questões de direito marítimo.

Muito obrigado.

ÍNDICE GERAL

NOTA PRÉVIA 7

NOTAS SOBRE A REGULAÇÃO DOS TRANSPORTES: UM APONTAMENTO CRÍTICO AO PLANO ESTRATÉGICO DE TRANSPORTES
Suzana Tavares da Silva

I. Questões de enquadramento 11
II. O actual papel do Estado no transporte 15
III. Estratégias públicas para o transporte 23
    a. *Estratégia europeia* 23
    b. *O novo Plano Estratégico de Transportes* 29

O REGULAMENTO 169/2009, DO CONSELHO, DE 26/2 – CONCORRÊNCIA NOS SECTORES DOS TRANSPORTES POR VIA RODOVIÁRIA, FERROVIÁRIA E VIAS NAVEGÁVEIS
Carolina Cunha

1. Introdução. A regra e as excepções 37
2. Importância e particularidades da indústria dos transportes à escala europeia 38
3. O regime de isenção estabelecido pelo Regulamento 169/2009 39
4. Casos concretos 41

APONTAMENTOS SOBRE A TRIBUTAÇÃO DOS TRANSPORTES
José Casalta Nabais

Introdução	47
I. Os impostos sobre os transportes	49
1. Impostos em sede da tributação do rendimento	50
1.1. *A tributação em IRC e IRS*	50
1.1.1. *Alguns aspetos gerais*	51
1.1.2. *Especificidades das empresas de transporte*	56
1.1.3. *A tributação autónoma e presuntiva dos automóveis*	61
1.1.4. *Benefícios fiscais relativos aos transporte*	64
1.2. *Referência ao imposto sobre a arqueação líquida*	66
2. A tributação em sede dos impostos sobre do consumo	69
2.1. *A tributação dos transportes em IVA*	69
2.1.1. *Alusão às caraterísticas do IVA*	69
2.1.2. *O IVA sobre os transportes*	72
2.2. *A tributação dos transportes através do ISP*	80
3. Impostos específicos sobre os veículos automóveis	82
II. Notícia relativa a taxas e outros tributos sobre os transportes	85
III. Considerações finais	89

«AS REGRAS DE ROTERDÃO»
Alexandre de Soveral Martins

1. A Convenção de Bruxelas de 1924 para a unificação de certas regras em matéria de conhecimento	96
2. As Regras de Hamburgo de 1978 e a Convenção das Nações Unidas sobre o Transporte Multimodal Internacional, Genebra, 1980	97
3. Convenção de Roterdão	100
3.1. *Notas gerais*	100
3.2. *Sistematização*	101
3.3. *O contrato de transporte em causa*	102
3.4. *Âmbito de aplicação*	103
3.5. *Transporte em linha regular e outros*	104
3.6. *Obrigações do transportador*	106
3.7. *Obrigação de entregar as mercadorias*	107
3.8. *Carga, descarga, estiva*	107
3.9. *A responsabilidade do transportador*	109

3.9.1. Uma responsabilidade baseada na culpa	109
3.9.2. O «período de responsabilidade»	110
3.9.3. Atraso na entrega	113
3.9.4. Desvio	114
3.9.5. Alguns casos em que o transportador não responde ...	115
3.9.6. A falha náutica...	117
3.9.7. Responsabilidade do transportador por atos ou omissões de outras pessoas	118
3.9.8. Responsabilidade de maritime performing parties.......	119
3.9.9. Transporte no convés	121
3.9.10. Cálculo da indemnização	122
3.9.11. Limites de responsabilidade.....................................	124
3.9.12. Atraso na entrega...	126
3.9.13. Perda do direito de invocar os limites de responsabilidade	127
3.10. Responsabilidade do subtransportador................................	128
3.11. Responsabilidade do carregador..	128
3.12. Documentos	130
3.13. As reservas e reclamações	134
3.14. Os direitos quanto a mercadoria em trânsito	139
3.15. Direitos e obrigações do transportador à chegada ao destino.	140
3.16. Prazo para intentar ações...	141
3.17. Jurisdição	142
3.18. Arbitragem..	143
3.19. Liberdade contratual	144
3.20. Animais vivos e transportes especiais	146
3.21. Relação com outras convenções	147
4. O futuro..	150